LE TASSE E LE IMPOSTE IN THAILANDIA

La guida pratica sulle imposte e tasse thailandesi incluse le multe

SALVATORE PARISI

Accetti che, continuando a leggere questo libro, quando appropriato e/o necessario, consulterai un professionista (inclusi, ma non limitati a, il tuo dottore, avvocato, consulente finanziario o altri professionisti del genere) prima di usare i rimedi, le tecniche o le informazioni suggeriti in questo libro.

Indice

CAPITOLO 1

La presentazione dei resi e il pagamento delle tasse

Sezione 83 Ai sensi della Sezione 83/1, un dichiarante IVA deve presentare una dichiarazione dei redditi nella forma prescritta dal Direttore generale sulla base del mese fiscale insieme all'eventuale pagamento dell'imposta, indipendentemente dal fatto che la vendita di beni o la fornitura di servizi siano fatto in quel mese fiscale.

La presentazione della dichiarazione dei redditi e il pagamento delle tasse per qualsiasi mese fiscale devono essere effettuati entro il 15 ° giorno del mese successivo, salvo che il Direttore generale possa prescrivere diversamente.

La presentazione della dichiarazione dei redditi e il pagamento delle tasse devono essere effettuati presso l'ufficio Amphur locale in cui si trova la sede dell'attività, salvo che il Direttore Generale possa prescrivere diversamente.

Se un dichiarante IVA ha più sedi di attività, la dichiarazione dei redditi e il pagamento delle tasse devono essere effettuati separatamente da ciascuna sede di attività, ad eccezione del fatto che un dichiarante IVA presenta una richiesta di deposito congiunto e pagamento effettuato presso uno qualsiasi degli uffici Amphur locali o presso un luogo prescritto dal Direttore generale in virtù del paragrafo 3 e dopo aver ricevuto l'approvazione del Direttore generale, sarà in vigore dal mese fiscale come prescritto dal Direttore generale.

In relazione alla presentazione della dichiarazione dei redditi di cui al comma 1, in caso di credito o rimborso di imposta, essa dovrà essere effettuata in conformità alla Parte 8.

Sezione 83/1 Per quanto riguarda alcune categorie e / o dimensioni di attività di cui un dichiarante IVA è una persona fisica, può essere emesso un regio decreto affinché il dichiarante IVA presenti una dichiarazione dei redditi e paghi le tasse su base periodica, e ogni 3 mesi.

Ai fini del calcolo dell'imposta sul valore aggiunto per le imprese di cui al paragrafo 1, il periodo prescritto dal regio decreto è considerato il mese fiscale di tale attività.

Sezione 83/2 Ai fini della riscossione delle imposte, la persona soggetta a imposta ai sensi della sezione 82/1 (1), (3), (4) o (5) e della sezione 82/2 è tenuta a presentare una dichiarazione dei redditi e pagare fiscale in modo simile a un dichiarante IVA.

Sezione 83/3 Le seguenti persone devono presentare una dichiarazione dei redditi per conto o insieme a un dichiarante IVA:

1. nel caso in cui un dichiarante IVA sia incompetente o quasi incompetente, è un custode o un curatore a seconda dei casi;

2. nel caso in cui un dichiarante IVA o un importatore che è una persona fisica muore, è un amministratore, erede o possessore di un patrimonio;

3. nel caso in cui un dichiarante IVA sia un organismo di persone non giuridiche, è un amministratore, un dirigente o qualsiasi persona in tale organismo di persone non giuridiche;

4. nel caso in cui un dichiarante IVA sia una persona giuridica, è un membro del consiglio di amministrazione, direttore, dirigente o responsabile della gestione,

5. nel caso in cui un dichiarante IVA è una persona giuridica che cessa l'attività per liquidazione, è un liquidatore e un membro del consiglio di amministrazione, direttore, dirigente o responsabile della gestione che si trova nella posizione precedente al data di cessazione.

Sezione 83/4 Fatte salve le parti 13 e 14, nel caso in cui un dichiarante IVA presenti una dichiarazione dei redditi errata, indipendentemente dal fatto che tale errore influisca o meno sull'importo dell'imposta in un mese fiscale, dovrà presentare una dichiarazione dei redditi aggiuntiva insieme al pagamento dell'imposta, se presente, correttamente nel luogo della precedente dichiarazione dei redditi.

Sezione 83/5 In relazione a un'asta, un banditore che vende all'asta la proprietà di un dichiarante IVA è tenuto a versare l'imposta sul valore aggiunto a cui è soggetto il dichiarante IVA.

La persona che è tenuta a versare l'imposta ai sensi del paragrafo 1, deve versare l'imposta sul valore aggiunto presentando un modulo come prescritto dal Direttore generale, in un luogo ed entro il limite di tempo specificato nella Sezione 52, e la Sezione 54 e la Sezione 55 devono essere applicate mutatis mutandis.

Un banditore che è un'autorità governativa deve rilasciare la ricevuta all'acquirente in tale asta e farne una copia al dichiarante IVA che è tenuto a pagare l'imposta sul valore aggiunto come prova.

Nel caso in cui un'autorità governativa venda proprietà di un dichiarante IVA legalmente sequestrata con mezzi diversi da un'asta, la disposizione della presente sezione si applica mutatis mutandis.

Una ricevuta emessa dall'autorità governativa ai sensi dei paragrafi 3 e 4 sarà considerata una fattura fiscale ad eccezione della ricevuta emessa da un'autorità governativa al momento della vendita all'asta di proprietà di un dichiarante IVA soggetto a imposta ai sensi della Sezione 82/16, non sarà considerata imposta fattura.

Sezione 83/6 Se il pagamento di beni o servizi è effettuato alle seguenti persone d'affari, il pagatore di beni o servizi è tenuto a versare l'importo dell'imposta sul valore aggiunto di cui è responsabile:

1. persona d'affari residente all'estero che esercita temporaneamente l'attività di vendita di beni o prestazione di servizi in Thailandia e non si registra temporaneamente per l'imposta sul valore aggiunto ai sensi della Sezione 85/3;

2. persona d'affari che fornisce servizi all'estero e tale servizio è utilizzato in Thailandia;

3. altra persona d'affari come prescritto dal regio decreto; Si applica il paragrafo 2 della sezione 83/5 5.

Sezione 83/7 In relazione alla vendita di beni o alla fornitura di servizi ad aliquota zero, il cessionario di beni o diritti sui servizi è tenuto a versare l'imposta sul valore aggiunto di cui è responsabile ai sensi della Sezione 82/2 entro 30 giorni a partire dalla data responsabilità fiscale che si verifica presso l'ufficio Amphur locale in cui tale persona risiede.

Sezione 83/8 Fatta salva la sezione 83/9, un importatore che è soggetto all'imposta sul valore aggiunto deve iscriversi nel modo e nella forma prescritti dal dipartimento doganale ai funzionari doganali presso la stazione doganale in conformità con la legge doganale e pagare l'imposta sul valore aggiunto a Funzionario doganale insieme al pagamento dei dazi all'importazione ai sensi della legge doganale.

Nel caso di portare merci in un deposito doganale ai sensi della legislazione doganale, o importare macchinari o materie prime da utilizzare nella produzione ai fini dell'esportazione di una persona promossa ai sensi della legge sulla promozione degli investimenti, l'importatore può depositare denaro, garanzia o fornire un garante come garanzia per l'imposta sul valore aggiunto invece del pagamento dell'imposta.

La procedura di deposito e ritiro della cauzione deve essere conforme alle regole, procedure e condizioni prescritte dal Direttore generale con l'approvazione del Ministro;

In relazione all'importazione di merci classificate in esenzione dai dazi ai sensi della legge sulla tariffa doganale che esentano dall'imposta sul valore aggiunto ai sensi dell'articolo 81 (2) (c), se in seguito tali merci sono soggette a dazi ai sensi della legge sulla tariffa doganale, il la persona soggetta ad imposta ai sensi della sezione 82/1 (3) deve entrare e pagare l'imposta ai sensi del paragrafo 1 insieme al pagamento del dazio all'importazione ai sensi della legislazione doganale.

Sezione 83/9 In caso di presa di merci in un deposito doganale ai sensi della legge doganale o della zona franca doganale, se in seguito le merci vengono rimosse dal deposito doganale ma non ai fini dell'esportazione o del ritiro di merci dalla zona franca doganale ma non per il ai fini dell'esportazione, un importatore soggetto all'imposta sul valore aggiunto deve iscrivere e pagare l'imposta sul valore aggiunto al funzionario doganale insieme al pagamento del dazio all'importazione ai sensi della legislazione doganale.

Sezione 83/10 In relazione al pagamento dell'imposta sul valore aggiunto:

1.per le merci importate, il dipartimento delle dogane riscuote per il dipartimento delle entrate e, in caso di merci straordinarie ai sensi della sezione 78/2 (3), il dipartimento delle dogane deve detrarre l'imposta sul valore aggiunto, multe e sovrattasse per il dipartimento delle entrate come prescritto da il Direttore generale;

2. per la vendita di beni o la prestazione di servizi soggetti ad accise, il Dipartimento delle accise riscuote per l'Agenzia delle entrate.

CAPITOLO 2

Credito d'imposta e rimborso IVA

Sezione 84 Per un credito d'imposta in eccesso di ogni mese d'imposta a partire dal calcolo ai sensi della Sezione 82/3, un dichiarante IVA ha il diritto di portarlo per il pagamento dell'imposta sul valore aggiunto in conformità con la regola, la procedura e le condizioni prescritte dal regio decreto o chiedere il rimborso al momento della presentazione della dichiarazione dei redditi di tale mese fiscale ai sensi della Sezione 83 o 83/1, tranne nel caso di presentazione della dichiarazione dei redditi aggiuntiva a causa di un errore dichiarazione dei redditi ai sensi dell'articolo 83/4, allora avrà diritto a chiedere il rimborso al momento della presentazione di tale dichiarazione dei redditi aggiuntiva.

Sezione 84/1 La richiesta di rimborso dell'imposta sul valore aggiunto sulla vendita di beni o sulla prestazione di servizi deve essere alle seguenti condizioni:

1. vendita di beni o prestazione di servizi in caso di imposta da rimborsare ma un dichiarante IVA non richiede un rimborso ai sensi della Sezione 84, il dichiarante IVA ha il diritto di presentare una richiesta di rimborso fiscale entro 3 anni a partire dal giorno successivo l'ultimo giorno in cui deve essere presentata la dichiarazione dei redditi in quel mese fiscale;

2. vendita di beni o prestazione di servizi negli altri casi, la presentazione della richiesta deve essere effettuata entro 3 anni dalla data di pagamento dell'imposta.

La richiesta di rimborso delle tasse deve essere nella forma prescritta dal Direttore generale.

Se il richiedente è un dichiarante IVA, deve presentare una richiesta di rimborso dell'imposta presso l'ufficio Amphur in cui si trova la sede dell'attività e se ha più sedi di attività, una richiesta deve essere presentata da ciascuna sede di attività, ad eccezione del concessa un'approvazione da parte del Direttore generale per presentare una dichiarazione congiunta insieme al pagamento dell'imposta, la richiesta di rimborso dell'imposta deve essere presentata congiuntamente presso l'ufficio Amphur o un luogo prescritto dal Direttore generale in virtù del paragrafo 4 della Sezione 83. In nel caso in cui un richiedente non sia un dichiarante IVA, una richiesta di rimborso fiscale deve essere presentata presso l'ufficio Amphur in cui risiede il richiedente.

Sezione 84/2 Una richiesta di rimborso dell'imposta sul valore aggiunto all'importazione nei casi seguenti deve essere alle seguenti condizioni:

1. nel caso in cui l'importatore abbia un'obiezione ai sensi del diritto doganale o sia soggetto a una causa legale in tribunale, la richiesta di rimborso fiscale deve essere presentata entro o dalla data della sentenza definitiva, a seconda dei casi;

2. nel caso in cui l'importatore che non è un dichiarante IVA paghi l'imposta sul valore aggiunto e successivamente restituisca merci all'estero, una richiesta di rimborso fiscale deve essere conforme alla regola, procedura, condizione e proporzione simile a una richiesta di rimborso del dazio all'importazione ai sensi del Diritto doganale.

La richiesta di rimborso ai sensi della presente Sezione deve essere nella forma prescritta dal Direttore generale Nel caso in cui un richiedente sia un dichiarante IVA, la richiesta di rimborso fiscale deve essere presentata presso l'ufficio Amphur locale ai sensi del paragrafo 3 della Sezione 84/1 e nel caso in cui un richiedente non sia un dichiarante IVA, la richiesta di rimborso fiscale deve essere presentata presso la dogana.

Sezione 84/3 Al momento del rimborso dell'imposta sul valore aggiunto, una persona che riceve il rimborso dell'imposta avrà diritto agli interessi alle condizioni di cui alla Sezione 4 Decem.

Sezione 84/4 Il Direttore Generale avrà il potere di prescrivere regole, procedure e condizioni per i viaggiatori in uscita che acquistano beni da un dichiarante IVA al fine di portare fuori dalla Thailandia, per richiedere l'imposta sul valore aggiunto.

Registrazione dell'imposta sul valore aggiunto

Sezione 85 Un dichiarante IVA che inizia l'attività di vendita di beni o prestazione di servizi, ha il diritto di presentare una domanda di registrazione dell'imposta sul valore aggiunto prima della data di inizio dell'attività.

La domanda di registrazione dell'imposta sul valore aggiunto ai sensi del paragrafo 1 deve essere nella forma prescritta dal Direttore generale e presentata presso l'ufficio Amphur locale in cui si trova la sede dell'attività.

Se un uomo d'affari ha più sedi di attività, la domanda di registrazione dell'imposta sul valore aggiunto deve essere presentata presso l'ufficio Amphur locale in cui si trova la sede.

L'applicazione della registrazione dell'imposta sul valore aggiunto e il rilascio del certificato di registrazione dell'imposta sul valore aggiunto devono essere conformi alle regole, procedure e condizioni prescritte dal Direttore generale.

Sezione 85/1 Un uomo d'affari che svolge attività di vendita di beni o prestazione di servizi deve richiedere la registrazione dell'imposta sul valore aggiunto entro il seguente termine:

(1) per l'imprenditore che svolge attività di vendita di beni o prestazione di servizi e il valore della base imponibile dell'azienda eccede il valore della base imponibile della piccola impresa come prescritto dal regio decreto in virtù della sezione 81/1, valore aggiunto La domanda di registrazione fiscale deve essere presentata entro 30 giorni a partire da:

• (a) la data in cui il valore della base imponibile delle imprese supera il valore della base imponibile della piccola impresa nel caso in cui il regio decreto prevede la determinazione del valore della base imponibile della piccola impresa o;

• (b) la data di entrata in vigore del regio decreto nel caso in cui esista un regio decreto che prevede una nuova disposizione per determinare il valore della base imponibile delle piccole imprese o il regio decreto è modificato in modo tale che il valore della base imponibile delle piccole imprese è inferiore a quanto prescritto in precedenza;

(2) per un uomo d'affari che notifica al Direttore generale il pagamento dell'imposta sul valore aggiunto in conformità alla Sezione 81/3, la domanda di registrazione dell'imposta sul valore aggiunto deve essere presentata entro 30 giorni dalla data di notifica al Direttore generale.

Si applicano i paragrafi 2, 3 e 4 della Sezione 85.

Sezione 85/2 L'agente ai sensi della sezione 82/1 (1) è responsabile della registrazione dell'imposta sul valore aggiunto delle persone d'affari residenti all'estero.

Sezione 85/3 Le seguenti persone d'affari non sono tenute a registrarsi per l'imposta sul valore aggiunto:

1. persona d'affari residente all'estero e che entra in Thailandia per svolgere attività di vendita di beni o fornitura di servizi temporaneamente;

2. uomo d'affari che fornisce servizi dall'estero e tale servizio è utilizzato in Thailandia;

3. altra persona d'affari come prescritto dal Direttore generale se esiste una causa ragionevole.

Il Direttore generale può consentire a una persona d'affari ai sensi del punto (1) o (3) la cui attività è conforme alla descrizione e alla procedura prescritta dal Direttore generale, di richiedere la registrazione temporanea dell'imposta sul valore aggiunto.

La domanda di registrazione temporanea dell'imposta sul valore aggiunto e il rilascio del certificato di registrazione temporanea dell'imposta sul valore aggiunto devono essere conformi alla forma, alle regole, alla procedura e alle condizioni prescritte dal Direttore generale.

Ai fini del paragrafo 1, il Direttore generale avrà il potere di prescrivere regole e condizioni per specificare quale ingresso in Thailandia per vendere beni o fornire servizi sia temporaneo.

Sezione 85/4 Un dichiarante IVA deve esporre il certificato di registrazione dell'imposta sul valore aggiunto in un punto ben visibile che può essere facilmente visto in ogni sede di attività.

Sezione 85/5 Nel caso in cui il certificato di registrazione dell'imposta sul valore aggiunto venga perso, distrutto o sostanzialmente danneggiato, un Registrante IVA deve presentare una richiesta per un sostituto del certificato di registrazione dell'imposta sul valore aggiunto nel luogo di registrazione per l'imposta sul valore aggiunto entro 15 giorni dalla data di smarrimento, distruzione o danneggiamento del certificato.

La richiesta e il rilascio di un sostituto del certificato di registrazione dell'imposta sul valore aggiunto devono essere conformi alla forma, alle regole, alla procedura e alle condizioni prescritte dal Direttore generale.

Un sostituto del certificato di registrazione dell'imposta sul valore aggiunto è considerato certificato di registrazione dell'imposta sul valore aggiunto

Sezione 85/6 Nel caso in cui vi siano modifiche nei dettagli essenziali nella registrazione dell'imposta sul valore aggiunto, inclusa la modifica del nome della sede di attività, della categoria di attività, dei beni venduti o dei servizi forniti, un dichiarante IVA deve notificare tali modifiche al luogo iscrizione per l'imposta sul valore aggiunto entro 15 giorni dalla data di avvenuta modifica.

La notifica delle modifiche ai particolari ai sensi del paragrafo 1 e il rilascio di un certificato modificato di registrazione dell'imposta sul valore aggiunto devono essere conformi alla forma, alle regole, alla procedura e alle condizioni prescritte dal Direttore generale.

Sezione 85/7 Qualsiasi dichiarante IVA che desideri avere una sede di attività aggiuntiva deve notificare tali modifiche nel luogo di registrazione per l'imposta sul valore aggiunto prima della data di apertura della sede di attività aggiuntiva entro 15 giorni al fine di richiedere un certificato di valore registrazione fiscale aggiunta per tale sede di attività.

In relazione alla chiusura di alcune sedi di attività, un dichiarante IVA deve notificare le modifiche nella registrazione dell'imposta sul valore aggiunto nel luogo di registrazione per l'imposta sul valore aggiunto entro 15 giorni dalla data di chiusura.

Un dichiarante IVA che chiude le sedi di attività deve restituire il certificato di registrazione dell'imposta sul valore aggiunto di tali sedi di attività nel luogo di registrazione per l'imposta sul valore aggiunto e notificare le modifiche nella registrazione dell'imposta sul valore aggiunto. Si applica il paragrafo 2 della sezione 85/6.

Sezione 85/8 Un dichiarante IVA che desidera trasferire una sede di attività deve notificare le modifiche nella registrazione dell'imposta sul valore aggiunto nel luogo di registrazione per l'imposta sul valore aggiunto entro 15 giorni prima della data di trasferimento.

Un dichiarante IVA che trasferisce la sede di attività deve notificare l'apertura di una nuova sede di attività presso l'ufficio Amphur locale in cui si trova la nuova sede di attività entro 15 giorni prima della data di apertura della nuova sede di attività al fine di richiedere un certificato di valore registrazione dell'imposta sul valore aggiunto di tale nuova sede di attività e restituzione del certificato di registrazione dell'imposta sul valore aggiunto della precedente sede di attività.

Sezione 85/9 Il Direttore generale ha il potere di prescrivere la descrizione e le condizioni per la sede di attività che un dichiarante IVA temporaneamente stabilisce come sede specifica di attività.

La sede di attività temporanea che è conforme alla descrizione come sede di attività specifica come prescritto dal Direttore generale non sarà considerata sede di attività ai sensi della Sezione 85/6, 85/7 e 85/8, ma il dichiarante IVA che stabilisce tale la sede specifica di attività deve preparare i libri e conformarsi alla forma, alle regole, alle procedure e alle condizioni prescritte dal Direttore generale.

Sezione 85/10 I seguenti dichiaranti IVA hanno il diritto di richiedere al Direttore generale di annullare il certificato di registrazione dell'imposta sul valore aggiunto:

1. nel caso in cui esista un regio decreto che prescrive il valore della base imponibile della piccola impresa, è un dichiarante IVA la cui impresa ha un valore della base imponibile inferiore a quella della piccola impresa come prescritto dal regio decreto per almeno 3 anni consecutivi prima del la richiesta di annullamento del certificato di registrazione dell'imposta sul valore aggiunto;

2. nel caso in cui il regio decreto sia modificato in modo tale che, prevedendo un valore più elevato della base imponibile della piccola impresa come precedentemente prescritto, sia un dichiarante IVA la cui attività abbia un valore della base imponibile prima della modifica del regio decreto inferiore a quello del piccola impresa per almeno 3 anni consecutivi;

3. nel caso in cui un dichiarante IVA notifica al Direttore generale ai fini del pagamento dell'imposta sul valore aggiunto ai sensi della Sezione 81/3, è il dichiarante IVA che paga l'imposta sul valore aggiunto consecutivamente per un periodo di tempo non inferiore a quello prescritto dal Ministero Regolamento a partire dal primo giorno in cui è un dichiarante IVA e ha un'impresa avente un valore di base imponibile inferiore a quella della piccola impresa come prescritto dal regio decreto durante tale periodo di tempo;

4. nel caso in cui un dichiarante IVA soggetto a imposta ai sensi della Sezione 82/16 la cui attività ha un valore di base imponibile inferiore a quella della piccola impresa come prescritto nel regio decreto consecutivamente per un periodo di tempo non inferiore a quello prescritto dal regolamento ministeriale precedente alla richiesta di annullamento del certificato di registrazione dell'imposta sul valore aggiunto.

Una richiesta al Direttore generale di annullare un certificato di registrazione dell'imposta sul valore aggiunto ai sensi del paragrafo 1 deve essere conforme alla forma, alle regole, alla procedura e alle condizioni prescritte dal Direttore generale.

Il regolamento ministeriale di cui al punto (3) può prescrivere un periodo diverso per ciascuna categoria di attività; tuttavia, il periodo prescritto non deve essere inferiore a 2 anni.

Sezione 85/11 Qualsiasi azienda registrata per l'imposta sul valore aggiunto e avente un valore di base imponibile superiore a quello delle piccole imprese come prescritto dal regio decreto emesso ai sensi della sezione 81/1 che di conseguenza ha modificato in modo tale che prescriva il valore della base imponibile delle piccole imprese superiore a quello precedentemente prescritto con il risultato che il valore della base imponibile di detta impresa è inferiore al nuovo valore prescritto della base imponibile della piccola impresa, la registrazione dell'imposta sul valore aggiunto di tale persona d'affari sarà in vigore, salvo che il dichiarante IVA eserciti il diritto ai sensi della Sezione 85 / 10 (2) e (4) nella richiesta al Direttore generale di annullare la registrazione dell'imposta sul valore aggiunto.

Sezione 85/12 Qualsiasi dichiarante IVA che desideri interrompere temporaneamente l'attività per più di 30 giorni consecutivi, tale registratore IVA deve notificare la cessazione temporanea all'ufficio Amphur locale in cui si trova la sede dell'attività entro 15 giorni dalla data di cessazione temporanea.

Sezione 85/13 Qualsiasi dichiarante IVA che desideri trasferire parzialmente o totalmente attività deve notificare tale trasferimento e modificare i dettagli nella registrazione dell'imposta sul valore aggiunto, se del caso, o notificare il trasferimento e la cessazione dell'attività in conformità con la Sezione 85/15, a seconda dei casi essere, nella forma prescritta dal Direttore generale nel luogo di registrazione dell'imposta sul valore aggiunto almeno 15 giorni prima della data di trasferimento.

Nel caso in cui un cessionario sia un dichiarante IVA, deve notificare il trasferimento e l'eventuale modifica dei dati di registrazione dell'imposta sul valore aggiunto, nel luogo in cui il cessionario si registra per l'imposta sul valore aggiunto almeno 15 giorni prima della data di trasferimento . Nel caso in cui un cessionario non sia un dichiarante IVA, deve presentare una richiesta di registrazione dell'imposta sul valore aggiunto almeno 15 giorni prima della data del trasferimento e quando la richiesta viene presentata, il cessionario può nel frattempo continuare l'attività.

Il paragrafo 2 della Sezione 85/15 si applica in caso di trasferimento dell'intera azienda

Sezione 85/14 Un dichiarante IVA, essendo una persona giuridica, che desidera fondersi, il dichiarante IVA deve notificare la cessazione dell'attività in conformità con la sezione 85/15 e il modulo prescritto dal Direttore generale e la nuova persona giuridica, risultante dalla fusione , deve effettuare la richiesta di registrazione dell'imposta sul valore aggiunto entro 15 giorni dalla data di registrazione dell'impresa della nuova persona giuridica.

Sezione 85/15 Qualsiasi dichiarante IVA che cessi l'attività deve notificare tale cessazione in conformità con il modulo prescritto dal Direttore generale nel luogo di registrazione per l'imposta sul valore aggiunto entro 15 giorni dalla data di cessazione dell'attività.

Il dichiarante IVA che cede l'attività deve restituire il certificato di registrazione dell'imposta sul valore aggiunto nel luogo di registrazione per l'imposta sul valore aggiunto al momento della notifica della cessazione dell'attività.

Sezione 85/16 Nel caso in cui un dichiarante IVA essendo una persona fisica muore, il suo status di dichiarante IVA cesserà e il possessore dell'eredità responsabile per l'esercizio di tale attività avrà il diritto di continuare l'attività per non più di 60 giorni dalla data del decesso, ma il cancelliere dell'imposta sul valore aggiunto deve essere informato di tale decesso il prima possibile.

Nel caso in cui un possessore di beni immobili responsabile dello svolgimento dell'attività del defunto eserciti il suo diritto nell'esercizio dell'attività come specificato al paragrafo 1, ha il diritto e la responsabilità in quanto dichiarante IVA e, in caso di ragionevole causa, un patrimonio il possessore può richiedere al Direttore generale la proroga del tempo come specificato al paragrafo 1 fornendo le ragioni necessarie, quindi il Direttore generale avrà il potere di estendere il tempo come ritiene appropriato e può anche stabilire le condizioni per tale proroga.

Nel caso in cui un possessore immobiliare incaricato di esercitare l'attività del defunto non eserciti il diritto di cui al paragrafo 1, deve restituire il certificato di registrazione dell'imposta sul valore aggiunto del defunto nel luogo di registrazione per l'imposta sul valore aggiunto entro 15 giorni dalla data del decesso.

Se un possessore o erede di un patrimonio desidera esercitare l'attività del dichiarante IVA che muore, un amministratore o erede del patrimonio ha il diritto di trasferire l'attività del dichiarante IVA in conformità con il modulo, la procedura normativa e le condizioni prescritte dal Direttore- Le disposizioni generali e il paragrafo 2 della sezione 85/13 si applicano mutatis mutandis.

Quando il Direttore Generale ordina il trasferimento di attività, il diritto del possessore di beni immobili ai sensi della presente Sezione dovrà restituire il certificato di registrazione dell'imposta sul valore aggiunto del defunto presso il luogo di registrazione per il valore. imposta sul valore aggiunto al momento della notifica delle modifiche dei particolari nella registrazione dell'imposta sul valore aggiunto o della domanda di registrazione dell'imposta sul valore aggiunto, a seconda dei casi, e nel caso in cui un possessore di beni immobili responsabile dello svolgimento dell'attività del defunto esercita il diritto per svolgere tale attività ai sensi del paragrafo 1, ma se il limite di tempo specificato nel paragrafo 1 o il tempo prorogato dal Direttore generale ai sensi del paragrafo 2 è trascorso senza che l'amministratore del patrimonio o l'erede ai sensi del paragrafo 4 sia stato richiesto dal proprietario immobiliare responsabile dello svolgimento dell'attività del defunto deve restituire il certificato di registrazione dell'imposta sul valore aggiunto nel luogo di registrazione per l'imposta sul valore aggiunto entro 15 giorni dalla data successiva all'ultimo giorno di termine.

Sezione 85/17 Un dichiarante IVA non si conforma alle disposizioni del presente capitolo, il Direttore generale ha il potere di annullare la registrazione dell'imposta sul valore aggiunto di detto dichiarante IVA e informa per iscritto la persona d'affari della cancellazione.

La persona d'affari notificata ai sensi del paragrafo 1 restituisce il certificato di registrazione dell'imposta sul valore aggiunto presso il luogo di registrazione per l'imposta sul valore aggiunto entro 7 giorni dalla data di ricezione della notifica di cancellazione.

Sezione 85/18 Nel caso in cui il Direttore generale annulli il certificato in conformità con la Sezione 85/10, o in cui il dichiarante IVA cessa l'attività in conformità con la Sezione 85/5, o in cui il dichiarante IVA muore e un possessore immobiliare responsabile svolgere l'attività del defunto deceduto esercitando il diritto di esercitare l'attività ma successivamente tale diritto termina senza che un amministratore immobiliare o erede richieda il trasferimento di tale attività in conformità con la Sezione 85/6, o se il dichiarante IVA viene cancellato dal registrazione dell'imposta sul valore aggiunto ai sensi della sezione 85/17, il dichiarante IVA o il possessore di una proprietà immobiliare responsabile di svolgere tale attività, a seconda dei casi, sarà responsabile come dichiarante IVA fino a quando il direttore generale non ordina che il nome di tale registrante IVA sia accennato dal registro dell'imposta sul valore aggiunto ai sensi della sezione 85/19.

Sezione 85/19 Nei seguenti casi, il Direttore generale ordinerà che il nome del dichiarante IVA venga cancellato dal registro dell'imposta sul valore aggiunto:

1. quando il Direttore Generale cancella la registrazione in conformità con la Sezione 85/10;

2. quando il dichiarante IVA cessa l'attività in conformità con la Sezione 85/15;

3. se il dichiarante IVA muore e non viene presentata alcuna richiesta di trasferimento dell'attività del defunto in conformità con la Sezione 85/16;

4. se il Direttore generale annulla la registrazione dell'imposta sul valore aggiunto in conformità con la Sezione 85/17.

Il Direttore generale informa senza indugio per iscritto il dichiarante IVA, l'amministratore del patrimonio, l'erede o il possessore della proprietà. Il dichiarante IVA o il possessore di beni immobili responsabile dello svolgimento dell'attività del defunto e dell'esercizio del diritto nell'esercizio di tale attività in conformità con la Sezione 85/16 non sarà responsabile in quanto il dichiarante IVA con effetto dalla data in cui l'ordine di cancellare il nome. il registro dell'imposta sul valore aggiunto è redatto dal direttore generale.

Se il dichiarante IVA è una persona giuridica, il direttore generale deve notificare a un registro delle imprese ai sensi della legge in materia la cancellazione del nome dal registro dell'imposta sul valore aggiunto entro 30 giorni e la suddetta il cancelliere registra senza indugio la cancellazione della registrazione dell'imposta sul valore aggiunto nel registro.

CAPITOLO 3

Fattura fiscale, nota di debito, nota di credito

Sezione 86 Fatta salva la sezione 86/1, 86/2 e 86/8, un dichiarante IVA emette immediatamente fattura fiscale e la sua copia per ogni vendita di beni o prestazione di servizi al momento in cui si verifica l'obbligo fiscale, nonché fattura fiscale all'acquirente di beni e servizi e conservarla

Fatte salve le sezioni 86/1, 86/2 e 86/8, un dichiarante IVA emette immediatamente una fattura fiscale e la sua copia per ogni vendita di beni o prestazione di servizi al momento in cui si verifica l'obbligo fiscale, nonché fornire tale fattura fiscale a l'acquirente di beni e servizi e conservarne copia in conformità alla Sezione 87/3

La persona d'affari esentata dalla registrazione dell'imposta sul valore aggiunto ma che effettua la registrazione temporanea per l'imposta sul valore aggiunto ai sensi della Sezione 85/3, deve essere in grado di emettere fattura fiscale nel caso in cui sia conforme alla regola, procedura e condizione prescritta dal Direttore

La fattura fiscale deve essere emessa da ciascuna sede di attività, salvo che il Direttore generale disponga diversamente.

L'emissione della fattura fiscale da parte di un agente per conto del dichiarante IVA deve essere conforme alle regole, procedure e condizioni prescritte dal Direttore generale.

Sezione 86/1 È vietato al seguente dichiarante IVA emettere fattura fiscale:

Registrante IVA residente all'estero e che ha il suo agente che emette fattura fiscale per suo conto ai sensi della Sezione 86/2;

Registrante IVA la cui proprietà è stata venduta all'asta o con altri mezzi da altre persone ai sensi della Sezione 83/5

Registrante IVA come prescritto in un regio decreto emesso ai sensi dell'articolo 83/6 (3).

Sezione 86/2 Se un dichiarante IVA residente all'estero e avente un agente che agisce per suo conto desidera che il suo agente emetta fattura fiscale per suo conto, tale dichiarante IVA deve presentare la richiesta di approvazione al Direttore generale in conformità con il regolamento prescritto dal Direttore generale.

Dopo l'approvazione della richiesta, tale agente emetterà una fattura fiscale per conto del dichiarante IVA in conformità con la regola, la procedura e le condizioni prescritte dal Direttore generale e avrà il dovere e responsabilità esattamente e congiuntamente con il dichiarante IVA in merito alle fatture fiscali.

Sezione 86/3 In relazione alla vendita all'asta ai sensi della Sezione 83/5, il banditore che non è un'autorità governativa che vende proprietà del dichiarante IVA deve emettere fattura o ricevuta fiscale ai sensi della Sezione 105, a seconda dei casi, per conto del dichiarante IVA chi possiede la proprietà.

Sezione 86/4 Fatte salve le sezioni 86/5 e 86/6, la fattura fiscale deve contenere almeno i seguenti dettagli:

• la parola "fattura fiscale" in una posizione prominente;

• il nome, l'indirizzo e il numero di identificazione del contribuente del dichiarante IVA che emette fattura fiscale e nel caso in cui un agente emetta fattura fiscale per conto del dichiarante IVA in conformità con il paragrafo 4 della Sezione 86 o 86/2 o il banditore emetta fattura fiscale per Registrante IVA in conformità con la Sezione 86/3, nome, indirizzo e codice fiscale di tale persona devono essere indicati nella fattura fiscale;

• il nome e l'indirizzo dell'acquirente di beni o servizi;

• numero di serie della fattura fiscale e, se presente, del libretto;

• descrizione, tipo, categoria, quantità e valore di beni o servizi l'importo dell'imposta sul valore aggiunto calcolato sul valore di beni o servizi chiaramente separato dal valore dei beni o servizi;

• la data di emissione; qualsiasi altro particolare prescritto dal Direttore generale.

I dettagli nella fattura fiscale devono essere in lingua thailandese, valuta thailandese e numeri tailandesi o arabi. Tuttavia, in alcune categorie di attività per le quali la fattura fiscale deve essere in lingua o valuta straniera, il dichiarante IVA dovrà emettere tale fattura fiscale previa approvazione del Direttore generale.

La fattura fiscale può essere emessa congiuntamente per più vendite di beni o prestazione di servizi, tranne quando il Direttore generale prescrive che l'emissione della fattura fiscale su alcuni o più beni o servizi debba essere effettuata separatamente per ogni bene o servizio.

Sezione 86/5 Le seguenti fatture fiscali possono essere prescritte dal Direttore generale per contenere indicazioni diverse da quelle sopra specificate:

• fattura fiscale di beni o servizi specifici ai sensi della Sezione 79/1;

• fattura fiscale del tabacco ai sensi della Sezione 79/5 o del petrolio greggio e dei prodotti petroliferi ai sensi della Sezione 79/6;

• fattura fiscale che il Direttore generale approva essere in lingua o valuta straniera ai sensi del paragrafo 2 della Sezione 86/4;

• fattura fiscale di altri beni o servizi come prescritto dal Regolamento Ministeriale.

Sezione 86/6 Per accogliere il dichiarante IVA che esercita l'attività di vendita al dettaglio di beni o fornitura di servizi in piccola quantità a un gran numero di clienti, il Direttore generale ha il potere di prescrivere la descrizione e / o la condizione di tale attività per essere al dettaglio attività commerciale; e nel commercio al dettaglio, il prezzo dei beni o dei servizi indicati deve essere comprensivo dell'imposta sul valore aggiunto.

Il dichiarante IVA in qualità di rivenditore ha il diritto di emettere fattura fiscale abbreviata, tuttavia il suo agente non è autorizzato a emettere fattura fiscale abbreviata.

La fattura fiscale abbreviata deve contenere almeno le seguenti indicazioni:

1. La parola "fattura fiscale" in un posto ben visibile;

2. il nome o la denominazione abbreviata e il numero di identificazione del contribuente del dichiarante IVA che ha emesso la fattura fiscale;

3. numero di serie della fattura fiscale o, se presente, del libro;

4. descrizione, tipo, categoria, quantità e valore di beni o servizi;

5. il prezzo di beni o servizi da cui risulta chiaramente che l'imposta sul valore aggiunto è inclusa;

6. la data di rilascio;

7. ogni altro particolare prescritto dal Direttore generale.

La descrizione, il tipo o la categoria di merci ai sensi del paragrafo 1 possono essere nel sistema di codice, ma il dichiarante IVA deve notificare il codice al Direttore generale almeno 15 giorni prima dell'uso di detto codice.

I dettagli nella fattura fiscale abbreviata devono essere in lingua thailandese, valuta thailandese e numeri tailandesi o arabi. Tuttavia, in alcune categorie di attività per le quali la fattura fiscale deve essere in lingua o valuta straniera, al dichiarante IVA verrà emessa tale fattura fiscale previa approvazione del Direttore generale.

Il dichiarante IVA che esercita l'attività di vendita al dettaglio che desidera utilizzare la macchina del registratore di cassa per emettere una fattura fiscale abbreviata, deve presentare la richiesta di approvazione al Direttore generale e l'uso di tale macchina del registratore di cassa deve essere conforme al regolamento sulla regola, procedura e condizione per l'uso del registratore di cassa prescritte dal Direttore generale.

Il paragrafo 3 della Sezione 86/4 si applica all'emissione della fattura fiscale ai sensi della presente Sezione.

Sezione 86/7 Il dichiarante IVA che esercita un'attività che non è un'attività di vendita al dettaglio che desidera emettere una fattura fiscale abbreviata e / o utilizzare un registratore di cassa come prescritto nella Sezione 86/6 può richiedere l'approvazione al Direttore generale fornendo una causa ragionevole e necessaria e dopo l'approvazione, il Direttore generale può prescrivere qualsiasi regola e condizione che ritenga appropriata.

Sezione 86/8 Per accogliere un dichiarante IVA che esercita l'attività di vendita di beni o fornitura di servizi in piccola quantità, il Direttore generale avrà il potere di prescrivere la descrizione e le condizioni di tale attività ai fini della presente Sezione.

In relazione allo svolgimento dell'attività di modesto importo, il dichiarante IVA non è tenuto a emettere fattura fiscale per la vendita di beni o la prestazione di servizi di valore non superiore all'importo specificato dal Direttore generale, tuttavia tale importo non deve superare 1.000 Baht. Tuttavia l'acquirente di beni o servizi può richiedere la fattura fiscale. Il Direttore generale ha il potere di prescrivere requisiti e condizioni per il dichiarante IVA che vende beni o fornisce servizi da rispettare come ritiene appropriato.

Sezione 86/9 Registrante IVA che ha venduto beni o fornito servizi ma deve ricalcolare l'importo dell'imposta sul valore aggiunto addebitabile a causa di un aumento del valore di beni o servizi a seguito degli eventi specificati nella Sezione 82/9, emetterà nota di addebito all'acquirente di beni e al destinatario del servizio nel mese fiscale in cui si verifica tale evento, salvo in caso di necessità per cui la nota di addebito non può essere emessa nel mese fiscale in cui si verifica tale evento, la nota di addebito sarà emessa a l'acquirente di beni o il destinatario del servizio nel mese fiscale successivo a quello in cui si è verificato l'evento.

La nota di addebito contiene almeno le seguenti indicazioni:

• la parola "nota di addebito" in un punto ben visibile;

• il nome, l'indirizzo e il numero di identificazione fiscale del dichiarante IVA che emette la nota di addebito e, nel caso in cui un agente emetta una nota di addebito per conto del dichiarante IVA in conformità con il paragrafo 4 della sezione 86, 86/2, nome, deve essere indicato l'indirizzo e il numero di identificazione fiscale di tale agente;

• il nome, indirizzo dell'acquirente di beni o servizi destinatario;

• la data di emissione della nota di addebito;

• numero di serie della fattura fiscale originale e, se presente, del libro, valore di beni e servizi indicati nella fattura fiscale, valore corretto di beni o servizi, differenza tra i due e importo dell'imposta dovuta sulla differenza ;

• breve motivo per l'emissione della nota di addebito;

• altri particolari come prescritto dal Direttore Generale. Si applica la Sezione 86/4 e la nota di addebito ai sensi della presente Sezione sarà considerata fattura fiscale.

Sezione 86/10 Registrante IVA che ha venduto beni o fornito servizi, ma deve ricalcolare l'importo dell'imposta sul valore aggiunto addebitabile a causa di una diminuzione del valore di beni o servizi a seguito degli eventi specificati nella Sezione 82/10, emetterà un nota di credito all'acquirente di beni o destinatario di servizi nel mese fiscale in cui si verifica tale evento, salvo nel caso in cui la nota di credito non possa essere emessa nel mese fiscale in cui si verifica tale evento, la nota di credito deve essere rilasciata all'acquirente di beni o al destinatario del servizio nel mese fiscale successivo a quello in cui si verifica tale evento.

La nota di credito deve contenere almeno le seguenti indicazioni:

• la parola "nota di credito" in un posto ben visibile;

• il nome, l'indirizzo e il numero di identificazione fiscale del dichiarante IVA che emette la nota di credito e, nel caso in cui un agente emetta una nota di credito per conto del dichiarante IVA ai sensi del paragrafo 4 della sezione 86 o 86/2, il nome, l'indirizzo e deve essere indicato anche il numero di identificazione fiscale di tale agente;

• il nome e l'indirizzo dell'acquirente della merce o del destinatario del servizio;

• la data di emissione della nota di credito;

• il numero di serie della fattura fiscale originale e, se presente, del libro, il valore della merce o del servizio mostrato nella fattura fiscale, il valore corretto della merce o del servizio, la differenza tra i due e l'importo dell'imposta sul valore aggiunto essere accreditato;

• breve motivo per l'emissione della nota di credito,

• altri particolari come prescritto dal Direttore Generale. Si applica il paragrafo 2 della Sezione 86/4 e la nota di credito ai sensi della presente Sezione sarà considerata fattura fiscale.

Sezione 86/11 Nel caso in cui il nome di un dichiarante IVA sia cancellato dal registro dell'imposta sul valore aggiunto perché cessa l'attività o il Direttore generale ordina l'annullamento della sua registrazione dell'imposta sul valore aggiunto, il Direttore generale persona d'affari a continuare a emettere temporaneamente fattura fiscale, nota di addebito o nota di credito fino alla cessazione dell'attività, tuttavia deve seguire le regole, le procedure e le condizioni prescritte dal Direttore generale.

Sezione 86/12 Un dichiarante IVA che emette fatture fiscali, note di addebito o note di credito e successivamente vi è una richiesta dell'acquirente di beni o servizi la cui fattura fiscale, nota di addebito o nota di credito è stata persa, distrutta o danneggiata in parte essenziale , tale dichiarante IVA emetterà un sostituto della fattura fiscale, nota di addebito o nota di credito a tale acquirente o destinatario del servizio in conformità con le regole, procedure e condizioni prescritte dal Direttore generale.

Un sostituto della fattura fiscale, nota di credito o nota di debito deve contenere le stesse indicazioni della fattura fiscale, nota di debito o nota di credito, a seconda dei casi, con la parola in un posto ben visibile che indica che si tratta di un sostituto per quale imposta fattura, nota di addebito o nota di credito.

Sezione 86/13 È vietato a una persona che non è un dichiarante IVA o una persona autorizzata a emettere fatture fiscali ai sensi del presente capitolo emettere fattura fiscale, nota di addebito o nota di credito. Qualsiasi persona che emette fattura fiscale, nota di addebito o nota di credito senza autorizzazione a farlo, tale persona sarà soggetta all'imposta sul valore aggiunto per l'importo indicato nella fattura fiscale, nota di debito o nota di credito come se fosse un registrante IVA.

Sezione 86/14 Ricevuta emessa dall'Agenzia delle Entrate sul pagamento dell'imposta sul valore aggiunto ai sensi della Sezione 83/6 o 83/7 e ricevuta rilasciata dal Dipartimento delle dogane o del Dipartimento delle accise sulla riscossione dell'imposta sul valore aggiunto per l'Agenzia delle entrate ai sensi della Sezione 83/10 (1) o (2) è considerata una fattura fiscale.

CAPITOLO 4

Preparazione del rapporto e conservazione delle prove e dei documenti

Sezione 87 Fatta salva la sezione 87/1 o 87/2, un dichiarante IVA è tenuto a effettuare le seguenti segnalazioni:

1. rapporto sull'imposta sul reddito,

2. dichiarazione dell'imposta precedente,

3. relazione merci e materie prime solo nel caso in cui il dichiarante IVA svolga attività di vendita di beni.

Nel caso in cui un dichiarante IVA sia soggetto a imposta ai sensi della Sezione 82/16, sarà tenuto a presentare una relazione sul valore della base imponibile e una relazione sulle merci e sulle materie prime.

I rapporti di cui ai paragrafi 1 e 2 devono essere conformi alla forma prescritta dal Direttore generale e devono essere redatti da ciascuna sede di attività.

Il metodo per inserire una registrazione nel rapporto deve essere conforme alle regole, procedure e condizioni prescritte dal Direttore generale e una registrazione deve essere effettuata entro 3 giorni lavorativi dalla data di acquisizione o disposizione di tali beni o servizi, tranne in caso di necessità il Direttore Generale prescriverà diversamente come riterrà opportuno.

Sezione 87/1 Laddove risulti necessario o appropriato, il Direttore generale, con l'approvazione del Ministro, avrà il potere di ordinare al dichiarante IVA di presentare una relazione in modo diverso dalla Sezione 87.

Sezione 87/2 Il Direttore generale, come ritiene opportuno, avrà il potere di ordinare a un agente di un dichiarante IVA di effettuare relazioni anche se non è un dichiarante IVA. I rapporti di un agente ai sensi della presente Sezione devono essere conformi alla forma, alle regole, alla procedura e alle condizioni prescritte dal Direttore generale.

Sezione 87/3 Il dichiarante IVA soggetto alla presentazione della dichiarazione dei redditi e al pagamento delle imposte e la persona soggetta a segnalazioni ai sensi della disposizione di questa parte deve conservare la fattura fiscale, la relazione, la copia della fattura fiscale nonché i documenti a supporto della compilazione di tali relazioni o altri documenti come prescritto dal Direttore generale presso la sede in cui viene redatta tale relazione o in altri luoghi come prescritto dal Direttore generale per almeno 5 anni dalla data di presentazione della dichiarazione dei redditi o di presentazione della relazione, a seconda dei casi , tranne:

1. nel caso in cui una persona d'affari sia temporaneamente registrata per l'imposta sul valore aggiunto ai sensi della Sezione 85/3, tale tenuta del rapporto e del documento deve essere conforme alle regole, procedure e periodi di tempo prescritti dal Direttore generale, ma periodo di tempo non deve superare i 5 anni;

2. nel caso in cui un dichiarante IVA cessi l'attività, il dichiarante IVA, una persona responsabile nella presentazione della dichiarazione dei redditi e nel pagamento delle imposte o una persona responsabile nella denuncia deve continuare a conservare le relazioni di cui sopra e documenti che è tenuto a conservare per 2 anni alla data di cessazione dell'attività;

3. il Direttore Generale, se lo ritiene opportuno, può prescrivere al dichiarante IVA di conservare le relazioni e i documenti per più di 5 anni ma non oltre 7 anni.

La conservazione delle fatture fiscali e di altri documenti a sostegno della compilazione del rapporto sull'imposta precedente ai sensi della Sezione 87 (2) deve essere in ordine e corrispondente agli elementi del rapporto e deve essere conforme alle regole, procedure e condizioni prescritte dal Direttore. Generale.

Funzionario del potere di valutazione

Sezione 88 Il funzionario addetto alla valutazione ha il potere di valutare l'imposta sul valore aggiunto, l'ammenda e il supplemento ai sensi di questa parte nel caso in cui:

1. sembra a un funzionario di accertamento che il soggetto passivo non presenti la dichiarazione dei redditi, la dichiarazione delle rimesse fiscali o l'iscrizione entro il termine stabilito;

2. un funzionario addetto alla valutazione avente la prova che un soggetto passivo presenta una dichiarazione dei redditi, una dichiarazione delle rimesse fiscali o un'iscrizione dichiarando l'importo dell'imposta dovuta;

3. il soggetto passivo dell'imposta non si conforma a una citazione emessa da un funzionario della valutazione o non risponde alle domande del funzionario della valutazione senza ragionevoli motivi;

4. il soggetto d'affari non emette fattura fiscale ai fini dell'imposta a monte o copia della fattura fiscale ai fini dell'imposta a valle, nonché altre prove ai fini del calcolo dell'imposta o del credito d'imposta;

5. l'imprenditore non conserva copia della fattura fiscale ai fini dell'imposta a valle e di altre prove a sostegno della redazione della relazione come prescritto dalla legge; o

6. sembra a un funzionario addetto alla valutazione che la persona d'affari soggetta alla registrazione dell'imposta sul valore aggiunto ai sensi della sezione 85/1 non sia registrata per l'imposta sul valore aggiunto.

Sezione 88/1 Il funzionario addetto alla valutazione ha il potere di valutare l'onere dell'imposta sul valore aggiunto, l'ammenda e il supplemento ai sensi del presente capo nel caso in cui una persona emetta fattura fiscale, nota di addebito o nota di credito senza autorizzazione ai sensi della Sezione 86/13 per l'importo indicato in tale fattura fiscale, nota di addebito o nota di credito.

Sezione 88/2 Ai fini della Sezione 88 e della Sezione 88/1, il funzionario addetto alla valutazione ha il potere di:

1. effettuare una dichiarazione dei redditi, una dichiarazione delle rimesse fiscali o una base di iscrizione su prove attendibili laddove il soggetto passivo non presenti la dichiarazione dei redditi, la dichiarazione delle rimesse fiscali o una registrazione;

2. dichiarazione dei redditi corretta, dichiarazione di rimessa dei redditi o iscrizione;

3. valutare l'imposta laddove sussista evidenza di un'imposta sottopagata da parte di un imprenditore o di una base imponibile sottovalutata;

4. determinare il valore appropriato considerando la ricchezza o il comportamento dell'uomo d'affari o le sue statistiche commerciali o le statistiche commerciali degli uomini d'affari che svolgono attività simili, o considerando altri fattori che riflettono il valore appropriato;

5. valore corretto dei beni acquistati o del servizio ricevuto, a seconda dei casi, laddove si verifichino eventi ai sensi della Sezione 88 (3), (4) o (5);

6. valutare l'imposta come vista o considerata corretta laddove si verifichino eventi ai sensi della Sezione 88 (3), (4) o (5) senza la necessità di seguire i punti (1) - (4).

Nell'esercizio del potere di funzionario addetto alla valutazione in caso di eventi di cui alla Sezione 88 (6), una persona d'affari tenuta a presentare domanda per la registrazione dell'imposta sul valore aggiunto ai sensi della Sezione 85/1 ma che non l'ha fatto sarà ritenuta soggetta a un dichiarante IVA.

Sezione 88/3 Il funzionario addetto alla valutazione ha il potere di entrare in una sede di affari di una persona d'affari, indipendentemente dal fatto che sia o meno un dichiarante IVA, o in altri luoghi pertinenti, dall'alba al tramonto o durante l'orario di lavoro della persona d'affari, e indagare se la persona d'affari rispetta debitamente le disposizioni del presente capitolo; nel fare ciò, un funzionario addetto alla valutazione ha il potere di ingiungere alla persona o alle persone d'affari in quel luogo di agire secondo necessità ai fini delle indagini sul documento pertinente e di sequestrare tale documento.

Nel procedere con il paragrafo 1, il funzionario addetto alla valutazione mostra la sua carta d'identità e altri documenti alla persona interessata quando entra per le indagini.

Sezione 88/4 Nel procedere con questa parte, un funzionario addetto alla valutazione ha il potere di emettere convocazione a persona soggetta a tassazione, persona che agisce in qualità di rappresentante o testimone e di ordinare a tale persona di fornire conti, documenti o altre prove in relazione a tale questione al fine di indagare, o ordinare a un testimone di rispondere alle domande per iscritto, ma deve fornire il tempo di almeno 7 giorni a partire dalla data di ricezione della citazione o dell'ordine.

Sezione 88/5 Quando un funzionario addetto alla valutazione ha stabilito l'imposta sul valore aggiunto ai sensi della Sezione 88 e 88/1, deve notificare tale valutazione per iscritto alla persona soggetta a imposta o alla persona ai sensi della Sezione 88/1; e in questo caso il soggetto passivo o la persona ai sensi della Sezione 88/1 ha il diritto di presentare ricorso in conformità con le disposizioni della Parte 2, Capitolo 2, Titolo 2, tranne nel caso in cui un funzionario della valutazione effettua una valutazione come risultato di cause nella sezione 88 (3) in cui è vietato un ricorso.

Sezione 88/6 Una valutazione da parte del funzionario addetto alla valutazione deve essere effettuata entro un periodo di tempo come segue:

(1) rispetto a una persona d'affari;

• (a) 2 anni dall'ultimo giorno del periodo per la presentazione della dichiarazione dei redditi o del periodo prorogato dal Ministro o dal Direttore generale a seconda di quale sia la data successiva, tuttavia, applicabile solo ai casi in cui il soggetto passivo dichiarazione dei redditi entro tale periodo;

• (b) 2 anni dalla data di presentazione della dichiarazione dei redditi da parte del soggetto passivo d'imposta, tuttavia, applicabile solo ai casi in cui il soggetto passivo presenta la dichiarazione dei redditi dopo l'ultimo giorno del periodo specificato in (a) ma non superiore a 10 anni dall'ultimo giorno del periodo di presentazione della dichiarazione dei redditi;

• (c) 10 anni dall'ultimo giorno del periodo di presentazione della dichiarazione dei redditi nel caso in cui la persona soggetta alla dichiarazione dei redditi non presenti la dichiarazione dei redditi o presenti la dichiarazione dei redditi con la base imponibile dichiarata inferiore al valore ricevuto o esigibile dal persona d'affari di oltre il 25 per cento della base imponibile dichiarata nella dichiarazione dei redditi;

(2) per un importatore che non sia una persona d'affari, 2 anni dall'ingresso; tranne nel caso in cui un importatore presenti un'obiezione ai sensi del diritto doganale o un'azione giudiziaria, 2 anni dalla data di ricezione della sentenza per iscritto o dalla data di pronuncia della sentenza definitiva, a seconda dei casi; (3) in relazione alla persona soggetta a versare l'imposta sul valore aggiunto ai sensi della Sezione 83/5, 83/6 o 83/7, 2 anni dall'ultimo giorno della dichiarazione di rimessa fiscale.

Nel caso in cui vi sia una ragione ragionevole per ritenere che una persona d'affari, un importatore o una persona soggetta a rimettere l'imposta sul valore aggiunto dichiari una dichiarazione dei redditi, un'entrata o una dichiarazione delle rimesse errate o incomplete, un funzionario addetto alla valutazione dovrà, con , valutare l'imposta entro 5 anni a decorrere dal termine prescritto ai sensi del paragrafo (1) (a), (2) o (3), a seconda dei casi.

CAPITOLO 5

Multa e supplemento

Sezione 89 Persona soggetta a tassazione o persona ai sensi della Sezione 86/13 sarà passibile di multa nei casi e alle aliquote come segue:

(1) l'esercizio di un'attività senza registrazione dell'imposta sul valore aggiunto ai sensi della Sezione 85 o della Sezione 85/1, o di un'attività la cui registrazione dell'imposta sul valore aggiunto è stata annullata in conformità con la Sezione 85/17, sarà passibile di una multa doppia rispetto all'imposta dovuta mese per la durata del mancato rispetto di tale disposizione, o 1.000 Baht, che sia maggiore;

(2) la mancata presentazione della dichiarazione dei redditi o della restituzione della rimessa entro il termine prescritto sarà passibile di una multa doppia dell'importo dell'imposta dovuta o rimborsabile nel mese fiscale;

(3) la presentazione di una dichiarazione dei redditi errata o una dichiarazione di rimessa che influisce sull'importo dell'imposta dovuta o rimborsabile, sarà passibile di una multa per l'importo dell'imposta interessato;

(4) la presentazione di una dichiarazione dei redditi errata che influisce sull'imposta a valle o sull'imposta a monte nel mese fiscale, sarà passibile di multa per l'importo dell'imposta a valle carente o dell'imposta a monte in eccesso;

(5) la mancata emissione e fornitura della fattura fiscale all'acquirente di beni o al destinatario del servizio in conformità con la Parte 10, sarà passibile di una multa doppia rispetto all'importo dell'imposta indicato nella fattura fiscale;

(6) emissione di fattura fiscale, nota di credito o nota di addebito senza autorizzazione ai sensi della Sezione 86/13, sarà passibile di multare il doppio dell'importo dell'imposta su tale fattura fiscale, nota di credito o nota di addebito;

(7) utilizzando una fattura fiscale falsa nel calcolo dell'imposta in tutto o in parte, sarà soggetto a tassare il doppio dell'importo dell'imposta su tale fattura; Nel caso in cui l'utente della fattura fiscale non riesca a identificare l'emittente della fattura fiscale, tale fattura fiscale sarà considerata falsa fattura fiscale;

(8) la mancata conservazione di una copia della fattura fiscale ai fini dell'imposta a valle come prescritto dalla legge, sarà passibile di una multa del 2% dell'importo dell'imposta sulla fattura fiscale;

(9) la mancata conservazione della fattura fiscale ai fini dell'imposta a monte accreditabile nel calcolo dell'imposta come prescritto dalla legge, sarà passibile di una multa del 2% dell'importo accreditato;

(10) la mancata presentazione del rapporto come prescritto dalla legge o altri rapporti come prescritto dal Direttore generale in conformità con la Sezione 87/1, o la mancanza di merci nella relazione sulle merci e sulle materie prime, sarà passibile di una multa doppia dell'importo di imposta calcolata sulla base imponibile non dichiarata o segnalata in modo errato. L'ammenda in questa sezione può essere revocata o ridotta secondo le norme prescritte dal Direttore generale con l'approvazione del Ministro.

Sezione 89/1 Qualsiasi persona che non paga o rimette le tasse entro il termine prescritto in questo Capitolo sarà passibile di una maggiorazione dell'1,5% dell'imposta pagabile o rimborsabile, esclusa la multa mensile o frazione di essa;

Nel caso in cui il Direttore generale approvi l'estensione del tempo per il pagamento delle tasse come prescritto dalla Sezione 3 Octo e tale tassa sia pagata o rimessa entro il periodo di tempo esteso, il supplemento di cui al paragrafo 1 sarà ridotto allo 0,75% al mese o frazione di esso; il calcolo del supplemento di cui ai paragrafi 1 e 2 decorrerà dal giorno successivo alla data di scadenza della presentazione della dichiarazione dei redditi o della dichiarazione di rimessa di cui alla parte 7 fino alla data del pagamento dell'imposta o della rimessa; ma il supplemento calcolato non deve superare l'importo dell'imposta pagabile o rimborsabile.

Sezione 89/2 Ai fini della riscossione delle imposte, la sanzione e la maggiorazione di cui al presente capitolo sono considerate imposta sul valore aggiunto.

Punizione

Sezione 90 Le seguenti persone che non si conformano alle disposizioni di seguito riportate saranno multate non più di 2.000 baht:

(1) persona che non fornisce copia del contratto o documento ai sensi della Sezione 77/4 (2);

(2) il dichiarante IVA che non ha presentato una dichiarazione dei redditi ai sensi della Sezione 83 o della Sezione 83/1;

(3) persona soggetta a tassazione che non ha presentato una dichiarazione dei redditi ai sensi della Sezione 83/2;

(4) persona soggetta alla dichiarazione dei redditi che non ha presentato una dichiarazione dei redditi ai sensi Sezione 83/3;

(5) persona soggetta al versamento dell'imposta che non rimette l'imposta sul valore aggiunto ai sensi della Sezione 83/5, Sezione 83/6 o Sezione 83/7;

(6) importatore che non si iscrive alla sezione 83/8 o alla sezione 83/9;

(7) il dichiarante IVA che non ha notificato modifiche nei particolari della registrazione dell'imposta sul valore aggiunto ai sensi della sezione 85/6;

(8) il dichiarante IVA che non restituisce un certificato di registrazione dell'imposta sul valore aggiunto ai sensi del paragrafo 3 della sezione 85/7, del paragrafo 2 della sezione 85/8, del paragrafo 2 della sezione 85/15 o del paragrafo 2 della sezione 85/17;

(9) il dichiarante IVA che non ha notificato un cambiamento di sede di attività ai sensi del paragrafo 1 della sezione 85/8;

(10) il dichiarante IVA che non ha notificato la cessazione temporanea dell'attività ai sensi della sezione 85/12;

(11) possessore di beni immobili, amministratore di beni immobili o erede del dichiarante IVA che non restituisce un certificato di registrazione dell'imposta sul valore aggiunto ai sensi del paragrafo 3 o del paragrafo 5 della sezione 85/16;

(12) Registrante IVA che emette fattura fiscale, fattura fiscale abbreviata, nota di credito o nota di addebito con dettagli incompleti di merito ai sensi delle sezioni 86/4, 86/5, 86/6, 86/7, 86/9, 86 / 10 o 86/11;

(13) il dichiarante IVA che non ha emesso una copia autenticata della fattura fiscale, nota di credito o nota di addebito ai sensi della Sezione 86/12;

(14) dichiarante IVA con merci in eccesso rispetto a quelle riportate nel report merci e materie prime ai sensi della sezione 87;

(15) Registrante IVA che effettua una dichiarazione non conforme alla norma; procedura e condizione prescritta nella Sezione 87 o con la disposizione prescritta dal Direttore Generale nella Sezione 87/1;

(16) Registrante IVA che intende non conservare fattura fiscale, copia della fattura fiscale o tale documento non in conformità con la regola, la procedura e le condizioni prescritte nella Sezione 87/3.

Sezione 90/1 Le seguenti persone che non si conformano alle disposizioni di seguito indicate saranno multate non più di 5.000 Baht:

(1) un agente che non ha proceduto alla registrazione di un uomo d'affari residente all'estero ai sensi della Sezione 85/2;

(2) il dichiarante IVA che non mostra il certificato di registrazione dell'imposta sul valore aggiunto ai sensi della sezione 85/4;

(3) il dichiarante IVA che omette di notificare l'apertura di una sede di attività aggiuntiva o la chiusura della sede di attività ai sensi del paragrafo 1 o 2 della sezione 85/7;

(4) il dichiarante IVA che non ha notificato il trasferimento di una parte dell'attività o la ricezione del trasferimento di attività ai sensi della Sezione 85/13;

(5) il dichiarante IVA che omette di notificare la cessazione dell'attività o il trasferimento di attività ai sensi della Sezione 85/13 o del paragrafo 1 della Sezione 85/15;

(6) un agente di un dichiarante IVA residente all'estero che effettua segnalazioni non conformi alla norma, procedura o condizione come prescritto dalla Sezione 87/2.

Sezione 90/2 Le seguenti persone che non si conformano alle disposizioni di seguito indicate saranno condannate per non più di 1 mese o multate non più di 5.000 Baht o entrambe:

(1) il dichiarante IVA che non si è conformato alla sezione 82/18 (2);

(2) qualsiasi persona d'affari soggetta a registrazione per l'imposta sul valore aggiunto che esercita un'attività senza registrazione dell'imposta sul valore aggiunto ai sensi della Sezione 85/1, paragrafo 2 della Sezione 85/13 o della Sezione 85/14;

(3) il dichiarante IVA che non ha emesso la fattura fiscale o la sua copia, o non ha fornito la fattura fiscale o la sua copia all'acquirente o al destinatario del servizio ai sensi del paragrafo 1 della Sezione 86, o non ha emesso e fornito la fattura fiscale o la sua copia al acquirente o destinatario del servizio su richiesta dell'acquirente o del destinatario del servizio ai sensi del paragrafo 2 della Sezione 86/8.

(4) un uomo d'affari registrato per la registrazione temporanea dell'imposta sul valore aggiunto che emette una fattura fiscale non conforme alle regole, procedure e condizioni prescritte dal Direttore generale ai sensi del paragrafo 2 della Sezione 86;

(5) un agente che emette una fattura fiscale per conto del dichiarante IVA non conforme alle regole, procedure e condizioni prescritte dal Direttore generale ai sensi del paragrafo 4 della Sezione 86;

(6) il dichiarante IVA che non si è conformato alle norme sulle macchine registratrici di cassa ai sensi del paragrafo 6 della sezione 86/6;

(7) chiunque non rispetti una citazione o un funzionario dell'ordine di valutazione ai sensi della sezione 88/4.

Sezione 90/3 Le seguenti persone che non si conformano alle disposizioni di seguito indicate devono essere condannate per non più di 6 mesi o multate non più di 10.000 Baht, o entrambe:

(1) un agente di un dichiarante IVA residente all'estero che emette fattura fiscale senza autorizzazione ai sensi del paragrafo 2 della sezione 86/2

(2) Registrante IVA che utilizza un registratore di cassa senza approvazione ai sensi del paragrafo 6 della Sezione 86/6 o della Sezione 86/7;

(3) il dichiarante IVA che non effettua le relazioni ai sensi della Sezione 87 o come prescritto dal Direttore Generale ai sensi della Sezione 87/1;

(4) un agente di un dichiarante IVA residente all'estero che non effettua le segnalazioni ai sensi della Sezione 87/2;

(5) chiunque ostacoli o ometta di accogliere l'esecuzione di un funzionario di valutazione o agisca contro l'ordine di un funzionario di valutazione ai sensi del paragrafo 1 della sezione 88/3.

Sezione 90/4 Le seguenti persone che non rispettano le disposizioni di seguito indicate saranno condannate da 3 mesi a 7 anni e multate da 2.000 Baht fino a 200.000 Baht:

(1) Registrante IVA con l'intenzione di evadere o tentare di eludere l'imposta sul valore aggiunto, emettere fattura fiscale, nota di addebito o nota di credito senza autorizzazione ai sensi del paragrafo 2 della Sezione 86 o della Sezione 86/1;

(2) un agente del dichiarante IVA residente all'estero con l'intenzione o il tentativo per evadere l'imposta sul valore aggiunto, emettere fatture fiscali senza autorizzazione ai sensi del comma 1 della sezione 86/2;

(3) chiunque emetta fattura fiscale, nota di addebito o nota di credito senza autorizzazione ai sensi della Sezione 86/13;

(4) il dichiarante IVA con l'intenzione o il tentativo di evadere le tasse che omette di denunciare o fare una dichiarazione falsa indicata nella Sezione 87 o come prescritto dal Direttore Generale ai sensi della Sezione 87/1;

(5) il dichiarante IVA con l'intenzione o il tentativo di evadere l'imposta sul valore aggiunto che non emette fattura fiscale, nota di addebito o nota di credito o il loro sostituto;

(6) dichiarante IVA con l'intenzione o il tentativo di eludere l'imposta sul valore aggiunto agendo in modo falso, fraudolento o di natura simile;

(7) persona d'affari che intende utilizzare una fattura fiscale falsa o una fattura fiscale emessa illegalmente per il credito d'imposta.

Sezione 90/5 Se la persona che ha commesso il reato soggetto a penalità ai sensi del presente capitolo è una persona giuridica, l'amministratore delegato, il direttore o la persona che agisce in qualità di rappresentante di tale persona giuridica sarà passibile della pena prevista per tale falsa può provare di non avere il consenso o di non partecipare a tale illecito della persona giuridica.

Capitolo 6

Imposta specifica sulle imprese

Sezione 91 Imposta specifica sulle imprese è un'imposta di accertamento.

Sezione 91/1 In questo capitolo:

(1) "Entrate lorde" indica denaro, proprietà, corrispettivo o qualsiasi guadagno con valore 1 ricevuto o ricevibile da attività svolte in Thailandia o fuori.

(2) "Valore" indica il prezzo di mercato di una proprietà, un'attività commerciale, un corrispettivo o qualsiasi guadagno.

(3) "prezzo di mercato": prezzo di beni o servizi effettivamente esistenti in un dato momento.

Nel caso in cui esistano più prezzi di mercato, o non sia noto un prezzo di mercato, il Direttore generale con l'approvazione del Ministro ha il potere di prescrivere, mediante notifica, regole di calcolo al fine di arrivare a un prezzo di mercato da adottare come il valore di beni o servizi.

(4) "Vendita" include un contratto di vendita, vendita con diritti di riscatto, scambio, donazione, acquisto rateale o disposizione e trasferimento con o senza corrispettivo.

Le definizioni di "persona", "individuo", "entità non giuridica", "persona giuridica", "agente", "sede di attività" e "mese fiscale" ai sensi della Sezione 77/1 devono essere applicati in questo capitolo.

Sezione 91/2 Fatta salva la Sezione 91/4, le seguenti attività svolte in Thailandia sono soggette a una specifica tassa professionale ai sensi del presente capitolo:

1. attività bancaria ai sensi della legge che disciplina l'attività bancaria commerciale o altra legge specifica;

2. attività di finanza, titoli e società di credito ai sensi della legge che disciplina l'esercizio dell'attività di finanza, valori mobiliari e società di credito;

3. assicurazione sulla vita ai sensi della legge che disciplina l'assicurazione sulla vita;

4. intermediazione su pegno ai sensi della legge che disciplina i banchi dei pegni;

5. affari con transazioni regolari simili a banche commerciali, come concessione di prestiti, fornitura di garanzie, cambio di valute, emissione, acquisto o vendita di cambiali o trasferimento di denaro all'estero con mezzi diversi;

6. vendita di un bene immobile in modo commerciale o redditizio, indipendentemente dal modo in cui tale proprietà è acquisita, solo in conformità con le regole, procedure e condizioni prescritte da un regio decreto;

7. vendita di titoli in un mercato di valori mobiliari ai sensi della legge che disciplina la borsa valori della Thailandia;

8. ogni altra attività prevista da un regio decreto.

Nel caso in cui un residente straniero svolga attività attraverso la sua sede di attività o agente in Thailandia, sarà considerato come se svolgesse attività in Thailandia ai sensi della presente Sezione.

Nel caso in cui sorga la questione se quale attività sia un'attività ai sensi del punto (5), il Direttore Generale chiederà alla Commissione Tributaria di definire l'ambito e le condizioni di tale attività che è soggetta alla presente Sezione. Dopo che la Commissione delle Tasse si sarà pronunciata, la sentenza sarà pubblicata nella gazzetta del governo.

Sezione 91/3 Imposta specifica sulle imprese è esente per le seguenti attività:

1. Attività della Bank of Thailand, della Government Savings Bank, della Government Housing Bank e della Bank for Agriculture and Agricultural Cooperatives;

2. attività della Industrial Financial Corporation of Thailand;

3. attività di cooperativa di risparmio, solo in relazione a prestiti concessi ai suoi soci o ad altra cooperativa di risparmio;

4. attività di un fondo di previdenza ai sensi della legge che disciplina i fondi di previdenza;

5. attività della National Housing Authority, solo in relazione alla vendita o all'acquisto a riscatto di un bene immobile;

6. Attività di intermediazione su pegno di un ministero, sotto-ministero, dipartimento e autorità del governo locale;

7. qualsiasi altra attività ai sensi della Sezione 91/2 come prescritto da un decreto reale.

Sezione 91/4 Le seguenti operazioni specifiche di un'impresa prescritte dalla Sezione 91/2 sono soggette all'imposta sul valore aggiunto ai sensi del Capitolo 4:

1. una specifica transazione non direttamente correlata a un'attività ai sensi della Sezione 91/2;

2. una specifica transazione direttamente collegata a un'attività ai sensi della Sezione 91/2 e specificata da un regio decreto come una transazione soggetta all'imposta sul valore aggiunto.

Nel caso in cui sorga la questione se una transazione sia direttamente correlata a un'attività ai sensi della Sezione 91/2, il Direttore generale chiederà alla Commissione fiscale di definire l'ambito e le condizioni di tale transazione. Dopo che la Commissione delle Tasse si sarà pronunciata, la sentenza sarà pubblicata nella Gazzetta Ufficiale.

Sezione 91/5 La base imponibile per un'attività in conformità con le disposizioni del presente capitolo è costituita dalle seguenti entrate lorde ricevute o esigibili dall'attività svolta da una persona soggetta a imposta:

(1) Per le attività bancarie ai sensi della Sezione 91/2 (1), le entrate lorde derivanti dall'attività commerciale saranno:

• (a) interessi, sconti, commissioni, costi di servizio o profitti lordi derivanti dall'acquisto o dalla vendita o ricevuti da qualsiasi cambiale o strumento di debito, e

• (b) profitti lordi derivanti dallo scambio o dalla negoziazione di valute, dall'emissione di qualsiasi cambio di banconote o strumenti di debito o rimessa di denaro all'estero.

(2) Per le attività di finanza, titoli o società di credito ai sensi della Sezione 91/2 (2), le entrate lorde derivanti dalla gestione dell'attività devono essere

- (a) entrate lorde di cui al punto 1 (a), e
- (b) entrate lorde di cui al punto 1 (b).

(3) Per l'assicurazione sulla vita ai sensi della Sezione 91/2 (3), le entrate lorde derivanti dalla gestione dell'attività saranno gli interessi, le commissioni o le spese di servizio.

(4) Per l'attività di intermediazione su pegni ai sensi della Sezione 91/2 (4), le entrate lorde derivanti dalla gestione dell'attività devono essere:

- (a) interessi, commissioni e
- (b) denaro, proprietà, corrispettivo o guadagno con valore ricevuto o esigibile dalla vendita di beni in pegno incamerati.

(5) Per un'attività con transazione regolare simile a una banca commerciale ai sensi della Sezione 91/2 (5), le entrate lorde derivanti dalla gestione dell'attività devono essere:

- (a) entrate lorde di cui al punto 1 (a) e \
- (b) entrate lorde di cui al punto 1 (b).

(6) Per l'attività di vendita di un bene immobile in modo commerciale o redditizio ai sensi della Sezione 91/2 (6), le entrate lorde derivanti dalla gestione dell'attività saranno entrate lorde prima della deduzione di qualsiasi spesa.

(7) Per le attività di vendita di titoli in un mercato mobiliare ai sensi della legge che disciplina la borsa valori della Thailandia ai sensi della Sezione 91/2 (7), le entrate lorde derivanti dalla gestione dell'attività saranno entrate lorde prima della deduzione di eventuali spese. (8) Per qualsiasi altra attività ai sensi della Sezione 91/2

(8), le entrate lorde derivanti dalla gestione degli affari saranno prescritte da un decreto reale.

Sezione 91/6 Le aliquote dell'imposta specifica sulle imprese sono le seguenti:

1. 0,1 per cento sulle entrate lorde ai sensi della Sezione 91/5 (7);

2. 2,5 per cento sulle entrate lorde ai sensi della sezione 91/5 (3) (a) e 91/5 (4);

3. 3,0 per cento sulle entrate lorde in tutti i casi ai sensi della Sezione 91/5 tranne (1) e (2).

Sezione 91/7 Una persona che esercita un'attività soggetta alle disposizioni del presente capitolo è soggetta ad imposta conformemente alle disposizioni del presente capitolo.

Nel caso in cui un operatore sia un residente straniero, un residente della Thailandia, incluso un dipendente, agente o rappresentante, che è responsabile per il funzionamento dell'attività e ha un potere di gestione diretto o implicito, sarà solidalmente soggetto a tassazione con il persona ai sensi del paragrafo 1.

Sezione 91/8 Una persona soggetta a una specifica tassa professionale deve pagare l'imposta calcolando dalla base imponibile in conformità con la Sezione 91/5 durante un mese fiscale all'aliquota prescritta nella Sezione 91/6. Ma ha il diritto di presentare ricorso contro un accertamento dell'imposta ai sensi delle disposizioni che disciplinano i ricorsi nella parte 2, capitolo 2, titolo 2.

Il calcolo delle entrate lorde ai sensi del paragrafo 1 deve seguire il metodo, le regole e le prassi contabili e, ai fini del calcolo delle entrate lorde, qualsiasi metodo, regola e pratica una volta adottato deve essere applicato in modo coerente, tranne quando si ottiene Direttore generale per apportare eventuali modifiche.

La disposizione di cui ai paragrafi 1 e 2 non si applica alla persona soggetta a una specifica tassa professionale derivante dalla vendita di un bene immobile in modo commerciale o redditizio ai sensi della Sezione 91/2 (6), e tale persona dovrà pagare le tasse calcolando dalla base imponibile ai sensi della Sezione 91/5 (6) al momento della registrazione dei diritti e degli atti giuridici di tale bene immobile, secondo l'aliquota prescritta nella Sezione 91/6, e ha il diritto di presentare ricorso contro la valutazione di imposta ai sensi della disposizione che disciplina i ricorsi nella parte 2, capitolo 2, titolo 2.

Sezione 91/9 In caso di attività di vendita di titoli ai sensi della Sezione 91/2 (7), un membro della Borsa che agisce in qualità di agente del venditore deve detrarre una specifica tassa professionale dai proventi della vendita e presentare una dichiarazione dei redditi e pagare le tasse in conformità con la Sezione 91/10 a proprio nome per conto del venditore. Il venditore non è tenuto a presentare una dichiarazione dei redditi e, in tal caso, l'iscritto sarà considerato soggetto passivo di una specifica tassa professionale.

Sezione 91/10 Una persona soggetta a tassazione deve presentare una dichiarazione dei redditi nella forma prescritta dal Direttore generale ogni mese fiscale e pagare complessivamente le tasse, se presenti, indipendentemente dal fatto che abbia o meno entrate lorde nel mese fiscale.

La presentazione di una dichiarazione dei redditi e il pagamento delle tasse per ogni mese fiscale devono essere effettuati entro il quindicesimo giorno del mese successivo a meno che il Direttore generale non disponga diversamente. La presentazione della dichiarazione dei redditi e il pagamento delle tasse devono essere effettuati presso un ufficio Amphur locale in cui si trova la sede dell'attività, a meno che il Direttore generale non disponga diversamente. Se un soggetto passivo ha più sedi di attività, la presentazione di una dichiarazione dei redditi e il pagamento dell'imposta ai sensi del paragrafo 1 devono essere effettuati separatamente per ciascuna sede di attività; tranne quando una tale persona presenta una domanda al Direttore generale chiedendo di presentare una dichiarazione dei redditi presso un ufficio Amphur locale o nel luogo prescritto dal Direttore generale in conformità al paragrafo 3, e il Direttore generale può dare l'approvazione se lui ritiene opportuno.

Le disposizioni dei paragrafi da 1 a 4 non si applicano alla presentazione di una dichiarazione dei redditi e al pagamento dell'imposta da parte di una persona soggetta a una specifica imposta sulle imprese che esercita esclusivamente la vendita di un bene immobile in modo commerciale o redditizio ai sensi della Sezione 91 / 2 (6). Tale persona dovrà presentare una dichiarazione dei redditi nella forma prescritta dal Direttore generale al momento della registrazione dei diritti e degli atti giuridici sul bene immobile e, complessivamente, dovrà pagare l'imposta al funzionario che registra la registrazione di tali diritti e atti giuridici. Per il pagamento dell'imposta ai sensi del paragrafo 5, il Department of Land riscuote una specifica tassa professionale per l'Agenzia delle entrate. Al funzionario è vietato firmare un riconoscimento, approvare o registrare l'atto fino a quando non riceve il pagamento completo dell'imposta dovuta. L'imposta già pagata ai sensi del paragrafo 5 sarà rimessa come entrata del governo secondo i regolamenti prescritti dal ministro.

Sezione 91/11 Un rimborso di una specifica tassa professionale può essere effettuato alle seguenti condizioni:

1. Il soggetto passivo ha il diritto di presentare domanda di rimborso fiscale entro 3 anni dalla data di scadenza del termine per la presentazione della dichiarazione dei redditi.

2. La richiesta di rimborso delle tasse deve essere nella forma prescritta dal Direttore generale e deve essere presentata presso un ufficio Amphur locale in cui si trova la sua sede di attività; a meno che non sia stato autorizzato dal Direttore Generale a presentare una dichiarazione consolidata presso qualsiasi ufficio Amphur locale o in qualsiasi altro luogo in conformità con il paragrafo 4 della Sezione 91/10, allora dovrà presentare una richiesta di rimborso fiscale in tale luogo.

Sezione 91/12 Una persona che esercita un'attività soggetta a una specifica tassa professionale ai sensi della Sezione 91/2 è tenuta a registrarsi per una specifica tassa professionale se tale attività non è esente ai sensi della Sezione 91/3 e tale persona non è esente dalla registrazione specifica della tassa professionale ai sensi della Sezione 91/13. Deve presentare una domanda di registrazione della razione entro 30 giorni dal primo giorno di attività dell'attività. La domanda di registrazione fiscale specifica per le imprese ai sensi del paragrafo 1 deve essere nella forma prescritta dal Direttore generale e deve essere presentata presso un ufficio Amphur locale in cui si trova la sede dell'attività. Se un operatore ha più sedi di attività, presenta la domanda presso l'ufficio Amphur dove si trova la sede di attività che è la sede principale. La regola, la procedura e le condizioni relative a una domanda di registrazione fiscale specifica delle imprese e all'emissione di un certificato di registrazione fiscale specifica delle imprese devono essere quelle prescritte dal Direttore generale.

Nel caso di un operatore che è un residente straniero, una persona che è un agente di tale operatore è responsabile nell'intraprendere una specifica registrazione fiscale per le imprese per l'operatore che è un residente straniero.

Sezione 91/13 Un operatore è esonerato dalla registrazione fiscale specifica per le imprese come segue:

1. operatore dell'attività di vendita di titoli ai sensi della Sezione 91/2 (7);

2. operatore di lavoro interinale;

3. operatore di qualsiasi altra attività prescritta dal Direttore generale ogniqualvolta vi sia un motivo ragionevole.

Il Direttore generale ha il potere di prescrivere regole e condizioni per determinare le caratteristiche di un'attività temporanea in conformità con (2).

Sezione 91/14 Una persona soggetta a una specifica tassa professionale ha l'obbligo di predisporre un registro delle entrate lorde imponibili nonché delle entrate lorde escluse dal calcolo dell'imposta.

La documentazione da redigere in conformità al paragrafo 1 deve essere nella forma prescritta dal Direttore generale e deve essere redatta separatamente per ciascuna sede di attività. Il metodo di iscrizione in un record deve seguire la regola, la procedura e le condizioni prescritte dal Direttore generale. L'iscrizione deve essere effettuata entro 3 giorni dalla data di derivazione delle entrate lorde, tranne nel caso di alcune categorie di attività in cui il Direttore generale ritiene opportuno o nel singolo caso di necessità dove il Direttore generale prescrive diversamente come ritiene opportuno .

Sezione 91/15 Il funzionario addetto alla valutazione ha il potere di accertare tasse, sanzioni e sovrattasse ai sensi del presente capo, se:

1. al funzionario dell'accertamento risulta che un soggetto passivo non presenti una dichiarazione entro il termine previsto dalla legge;

2. il funzionario incaricato dell'accertamento dispone di prove indicanti che un soggetto passivo d'imposta ha presentato una dichiarazione in modo impreciso o erroneo distorcendo l'importo dell'imposta dovuta; o

3. una persona soggetta a tassazione o una persona tenuta a presentare una dichiarazione per conto dell'operatore non ha ottemperato a una convocazione emessa dal funzionario della valutazione, ha rifiutato senza motivo giustificato di fornire risposte quando interrogata dal funzionario della valutazione, o non è stata in grado di farlo fornire prove in merito al calcolo dell'imposta.

Sezione 91/16 Al fine di procedere con le disposizioni della Sezione 91/15, il funzionario incaricato della valutazione ha il potere di:

1. preparare gli articoli in una restituzione sulla base di prove che si ritiene siano corrette laddove l'operatore non abbia presentato una dichiarazione;

2. adattare qualsiasi articolo in un reso o in qualsiasi documento giustificativo a un reso;

3. determinare il prezzo di vendita delle merci confrontandolo con i prezzi di vendita della stessa categoria o tipo di merci alla stessa data o approssimativa sulla base di prezzi di mercato comparabili;

4. determinare l'importo di interessi, sconti, commissioni, costi di servizio, profitto lordo derivante dall'acquisto o dalla vendita di una cambiale, dallo scambio o dalla negoziazione di valute, dall'emissione di una cambiale o dalla rimessa di valute all'estero sulla base di prezzi di mercato comparabili;

5. determinare le entrate lorde che un operatore dovrebbe ricevere in caso di controllo o relazione di capitale o gestione tra l'operatore e l'acquirente;

6. determinare l'importo degli interessi, il prezzo di una proprietà o le spese di servizio sulla base di un prezzo di mercato alla data di erogazione di un prestito, trasferimento di una proprietà o prestazione di servizi, nel caso in cui si tratti di interessi, compensi o corrispettivi non è addebitato per l'erogazione del mutuo, il trasferimento dell'immobile o la prestazione del servizio, oppure è addebitato ad un prezzo inferiore al prezzo di mercato senza giustificato motivo;

7. determinare le entrate lorde sulla base del tenore di vita o del comportamento di un operatore, delle statistiche sulle imprese dell'operatore o di altri operatori che svolgono attività simili o su qualsiasi altra base che possa ragionevolmente indicare l'ammontare delle entrate lorde;

8. Nel caso della sezione 91/15 (13), il funzionario addetto alla valutazione può valutare l'imposta in base alla sua conoscenza o giudizio senza dover seguire nessuno dei metodi da (1) a (7).

Sezione 91/17 Se in qualsiasi mese fiscale, l'imposta ai sensi del presente capitolo è inferiore a 100 Baht, il pagamento di tale imposta sarà revocato per il mese fiscale.

Sezione 91/18 Una persona che svolge un'attività soggetta a una specifica tassa professionale senza registrarsi per una specifica tassa professionale in conformità con la Sezione 91/12 sarà punita con la reclusione non superiore a 1 mese o con una multa non superiore a 5.000 Baht o entrambi. Una persona ai sensi del paragrafo 5 della sezione 91/12 che trascura di procedere alla registrazione di un operatore residente straniero deve affrontare la stessa pena di cui al paragrafo 1.

Sezione 91/19 Una persona soggetta a una specifica tassa professionale che non redige un record in conformità con la Sezione 91/14 sarà punita con la reclusione non superiore a 6 mesi o con una multa non superiore a 10.000 Baht o con entrambi.

Sezione 91/20 Una persona soggetta a una specifica tassa professionale che non redige un record nella forma prescritta né separatamente per ciascuna sede di attività; o chi fa un'iscrizione in un record che non segue la regola, la procedura e le condizioni prescritte ai paragrafi 2 o 3 della Sezione 91/14, sarà punito con una multa non superiore a 2.000 Baht.

Sezione 91/21 Le seguenti disposizioni del capitolo 4 si applicano mutatis mutandis:

1. parte 7, Presentazione delle dichiarazioni e pagamento delle tasse, Sezione 83/2 e Sezione 83/3;

2. parte 8, Credito d'imposta e rimborso del valore aggiunto T axe, Sezione 84/3;

3. parte 9, registrazione dell'imposta sul valore aggiunto, sezioni 85/4, 85/5, 85/6, 85/7, 85/8, 85/9, 85/12, 85/13, 85/14, 85/15 , 85/16, 85/17, 85/18 e 85/19;

4. parte 11, Preparazione dei registri e conservazione dei documenti, Sezione 87/3;

5. parte 12, Potere di valutazione ufficiale, sezioni 88/3, 88/4 e 88/5;

6. parte 13, Penalità e supplementi, tutta la Sezione;

7. parte 14, Pena, in connessione con le disposizioni della Sezione sopra elencata, inclusa la Sezione 90/5.

Capitolo 7

Imposta di bollo

Sezione 103 In questo capitolo, a meno che il contesto non richieda diversamente:

"Strumento" indica qualsiasi documento soggetto a obblighi ai sensi del presente capitolo.

"Carta" include la pergamena o qualsiasi altro materiale utilizzato per scrivere uno strumento.

Per "timbro" si intende un timbro adesivo o un timbro impresso su carta, e quest'ultimo dovrà comprendere anche un timbro stampato su carta come prescritto da un regolamento ministeriale.

"Eseguire" quando usato rispetto a uno strumento, significa dare una firma in conformità con le disposizioni del codice civile e commerciale.

"Timbrato" significa apporre un timbro adesivo su un foglio o avere un timbro impresso su un foglio.

"Annullato" indica un atto volto a impedire l'ulteriore utilizzo di un timbro da parte di; nel caso di un timbro adesivo, apporre una firma o il nome di un'azienda sul timbro, o barrare il timbro per l'annullamento, nonché indicare la data di tali atti; e nel caso di un timbro stampato, scrivere su uno strumento o presentare uno strumento a un funzionario per imprimere il timbro in modo che il timbro stampato appaia sul lato anteriore di tale strumento.

"Dazio contrassegnato" significa

• nel caso di bollo autoadesivo, il pagamento del dazio si effettua mediante l'apposizione di un timbro sulla carta, prima o immediatamente all'esecuzione dello strumento, di importo non inferiore al dazio dovuto, e annullando tale bollo; o

• nel caso di un bollo impresso, il pagamento del dazio viene effettuato utilizzando una carta con un bollo impresso per un importo non inferiore al dazio pagabile e annullando tale bollo, o presentando uno strumento a un funzionario per imprimere il bollo e pagare un importo non inferiore al dazio pagabile e annullare tale bollo; o

• in caso di pagamento in contanti, il pagamento del dazio viene effettuato in contanti per un importo non inferiore al dazio pagabile in conformità con le disposizioni del presente Capitolo o in conformità con un regolamento prescritto dal Direttore generale con l'approvazione del Ministro. Nell'imposta di bollo come prescritto ai punti (1) e (2), il Direttore generale avrà invece il potere di ordinare la conformità in conformità con (3).

"Ricevuta" significa

• (a) qualsiasi nota o scrittura dimostrata come prova che denaro o una fattura è stata ricevuta, depositata o pagata; o

• (b) qualsiasi nota o scrittura mostrata come prova che un debito o un credito è stato estinto o estinto. Non è importante che la nota o la scrittura di cui sopra abbia o meno la firma di una persona.

"Funzionario" significa un funzionario nominato dal ministro.

"Ispettore" significa un funzionario nominato dal ministro.

Pagamento del dazio

Articolo 104 Lo strumento specificato nell'Allegato alla fine del presente Capitolo dovrà essere contrassegnato da una marca da bollo alle aliquote ivi previste.

Sezione 105 Nei seguenti casi, il venditore, l'acquirente a noleggio o il destinatario del pagamento deve rilasciare una ricevuta all'acquirente, all'acquirente a riscatto o al pagatore immediatamente ogni volta che riceve il pagamento, indipendentemente dal fatto che è richiesta la ricevuta:

Ricevere il pagamento dalla vendita di beni o dalla prestazione di servizi effettuata da un dichiarante IVA ai sensi del Capitolo 4 e dall'attività svolta da un dichiarante SBT soggetto a una specifica imposta sulle imprese ai sensi del Capitolo 5, e tale pagamento ricevuto ogni volta supera l'importo prescritto dal Direttore generale. Tuttavia, il Direttore Generale non prescriverà che l'importo superi i 1.000 Baht.

Ricezione del pagamento in altri casi, in cui tale pagamento ricevuto in ogni momento supera l'importo prescritto dal Direttore generale. Tuttavia, il Direttore Generale non prescriverà che l'importo superi i 10.000 Baht.

Se il pagamento ricevuto per la stessa transazione supera l'importo prescritto dal Direttore generale ai punti (1) o (2), ma è soggetto a essere pagato a rate, sarà emessa una ricevuta ogni volta che si riceve il pagamento.

Un dichiarante IVA che ha emesso una fattura fiscale attestante che il pagamento è stato ricevuto può considerare la fattura fiscale come una ricevuta da emettere in conformità con la presente Sezione.

La presente Sezione non si applica alla distribuzione di valori di bollo non utilizzati o altri timbri governativi non utilizzati.

Sezione 105 Bis Nell'emissione di una ricevuta, solo la persona responsabile di emettere una ricevuta in conformità con la sezione 105 (1) o la persona responsabile di emettere una ricevuta in conformità con la sezione 105 (2), che emette la ricevuta regolarmente, deve preparare un controfigura o copia della ricevuta e conservarla per un periodo non inferiore a 5 anni dalla data di emissione.

Se risulta che la ricezione di un pagamento che richiede una controfilatura o una copia di una ricevuta ai sensi del paragrafo 1 è priva di controfoglia o ricevuta, si presume che non sia stata emessa alcuna ricevuta.

La ricevuta e il contrassegno o la copia della ricevuta in conformità al paragrafo 1 devono contenere almeno numeri tailandesi o arabi e alfabeti thailandesi con le seguenti indicazioni:

• numero di identificazione del contribuente dell'emittente della ricevuta,

• nome o etichetta dell'emittente della ricevuta,

• numeri di serie del libro e della ricevuta,

• data di rilascio della ricevuta,

• importo del pagamento ricevuto,

• tipo, descrizione, quantità e prezzo delle merci, solo in caso di vendita o acquisto a riscatto di determinati tipi di merci con un prezzo di 100 Baht o più.

Nel caso in cui un produttore, importatore o grossista venda merci a una persona che commercia lo stesso tipo di merci delle merci vendute, il nome o l'etichetta e l'indirizzo dell'acquirente devono essere indicati nella ricevuta da rilasciare ai sensi del paragrafo 1 ogni momento in cui viene ricevuto il pagamento. Se tali informazioni nella ricevuta sono fornite in una lingua straniera, devono essere accompagnate da una traduzione thailandese. Le disposizioni del paragrafo 1 non si applicano alle attività previste da un regolamento ministeriale.

Sezione 105 Trimestre Una persona che vende merci a un'impresa personale ai sensi del capitolo 4, che è un produttore, importatore, esportatore o grossista, ogniqualvolta viene effettuata una vendita di merci, emette una fattura all'acquirente e ne prepara una copia e la conserva la copia per un periodo non inferiore a 5 anni dalla data di emissione della fattura.

La fattura e la copia ai sensi del paragrafo 1 devono contenere almeno numeri e alfabeti thailandesi contenenti le seguenti indicazioni:

• nome o etichetta e numero di identificazione del contribuente del venditore,

• nome o etichetta dell'acquirente,

• numeri di serie del libro (se presenti) e della fattura,

• data di emissione della fattura,

• tipo, descrizione, quantità e prezzo della merce venduta

I numeri arabi possono essere usati al posto dei numeri tailandesi.

Un dichiarante IVA ai sensi del Capitolo 4 che emette una fattura fiscale, in cui si afferma che le merci sono già state consegnate all'acquirente, può considerare la fattura fiscale come una fattura che deve essere emessa in conformità con questa Sezione.

Sezione 106 Anche se non è richiesta l'emissione di una ricevuta che deve essere apposta in bollo ai sensi della Sezione 105, quando una persona con un interesse in una ricevuta, richiede la ricevuta dalla persona responsabile per l'emissione della ricevuta, allora il la ricevuta deve essere rilasciata immediatamente su richiesta.

Sezione 107 Fatta salva la Sezione 111, se non esiste un altro accordo, una persona soggetta all'imposta di bollo e una persona responsabile della cancellazione di un timbro devono essere conformi all'elenco alla fine del presente capitolo.

Se la persona responsabile dell'annullamento di un timbro è analfabeta, un'altra persona può annotargli la data. Se la persona responsabile dell'annullamento di un timbro rifiuta di annullare il timbro, o non è presente per farlo, il titolare dello strumento o il beneficiario può annullare il timbro per lui.

Sezione 108 Se più strumenti di diversa natura, come specificato nell'Allegato alla fine di questo Capitolo, sono eseguiti sullo stesso pezzo di carta o in un unico documento, vale a dire, un noleggio insieme a un prestito di denaro, o più strumenti della stessa natura in relazione a più operazioni vengono eseguite sullo stesso foglio di carta o in un unico documento, vale a dire le vendite di un articolo a una persona e di un altro articolo a un'altra persona, che dovrebbero essere separabili per natura, tali strumenti devono essere contrassegnati da una marca da bollo per ogni natura o ogni transazione. Ogni strumento deve essere contrassegnato separatamente in modo che possa apparire quale strumento si trova in quale luogo e quale timbro è per quale natura o transazione.

Sezione 109 Per un contratto che è uno strumento stipulato a mezzo di corrispondenza e non è contrassegnato da imposta di bollo, se è dimostrato che una parte della corrispondenza necessaria per l'esecuzione del contratto è contrassegnata dall'imposta di valore corretto e debitamente annullata, tale contratto sarà considerato in contrassegno.

Sezione 110 Anche se il duplicato o il controfiletto di qualsiasi strumento è timbrato al tasso specificato nell'Allegato alla fine di questo Capitolo, non sarà considerato in contrassegno a meno che non sia provato in modo soddisfacente dallo strumento originale o da altre prove che lo strumento originale è stato contrassegnato dal dazio. Il duplicato o la controfilatura non si considerano sdoganati fino a quando non siano stati pagati i dazi mediante bollo per l'intero importo dell'imposta pagabile sull'atto originale e annullamento del bollo.

Sezione 111 Se uno strumento soggetto a imposta viene eseguito al di fuori della Thailandia, il primo detentore dello strumento in Thailandia dovrà pagare il dazio timbrando l'intero importo e annullando entro 30 giorni dal data di ricezione dello strumento. Se non è conforme in quanto tale, lo strumento non sarà considerato contrassegnato da imposta.

Se non rispetta le disposizioni del paragrafo 1, qualsiasi possessore dello strumento deve pagare il dazio timbrando l'intero importo e annullandolo, dopodiché potrà presentare lo strumento per la raccolta, l'avallo, il trasferimento o la richiesta di beneficio .

Ogni possessore che acquisisce il possesso dello strumento ai sensi della presente Sezione prima della scadenza del termine di cui al comma 1 può pagare l'imposta mediante apposizione di bollo per l'intero importo e annullamento, ed ha diritto di regresso nei confronti dei precedenti possessori.

Sezione 112 Se una fattura presentata per il pagamento non è in bollo, il destinatario della fattura può pagare il dazio timbrando l'intero importo e annullando, e può avere il diritto di regresso nei confronti del soggetto debitore del dazio o detrarre l'importo del dazio dal pagamento dovuto.

Sezione 113 Se uno strumento non è contrassegnato da una marca da bollo, la persona debitrice o il detentore dello strumento o il beneficiario può presentare lo strumento al funzionario affinché paghi il dazio. Al ricevimento dello strumento, il funzionario approva il pagamento del dazio secondo le seguenti disposizioni:

• Se tale strumento non contrassegnato con il contrassegno è uno strumento eseguito in Tailandia e la persona che richiede di pagare il dazio presenta tale strumento al funzionario per il pagamento del dazio entro 15 giorni dalla data in cui tale strumento deve essere contrassegnato con il contrassegno, il funzionario dovrà approvare solo il pagamento del dazio alle aliquote specificate nell'Allegato alla fine di questo Capitolo.

In altri casi, il funzionario approva il pagamento dei dazi e addebita un supplemento come segue:

• Se il funzionario ritiene che sullo strumento non sia stata applicata la marca da bollo entro il termine di 90 giorni dalla data in cui tale strumento deve essere apposto in contrassegno, il funzionario addebiterà una sovrattassa pari al doppio dell'importo del dazio o all'importo di 4 Baht, a seconda di quale sia l'importo maggiore.

• Se il funzionario ritiene che lo strumento non sia soggetto a bollo dopo la scadenza del termine di 90 giorni dalla data in cui tale strumento deve essere apposto in bollo, il funzionario addebiterà un supplemento pari a 5 volte l'importo del dazio o per un importo di 10 Baht, a seconda di quale sia l'importo maggiore.

Sezione 114 Se dall'ispezione in conformità con la Sezione 123 o dal reclamo presentato da qualsiasi persona, indipendentemente dal fatto che si tratti di un funzionario pubblico o meno, risulta che: Una ricevuta non viene emessa, nel caso in cui la ricevuta deve essere emesso in conformità con la Sezione 105 o 106, il funzionario ha il potere di addebitare il dazio fino al completo pagamento e una sovrattassa pari a 6 volte l'importo del dazio o pari a 25 Baht, a seconda di quale sia l'importo maggiore, un lo strumento non è contrassegnato da una marca da bollo se non è apposto alcun timbro, il funzionario ha il potere di addebitarlo dazio fino al completo pagamento e un supplemento pari a 6 volte l'importo del dazio o per un importo di 25 baht, a seconda di quale sia l'importo maggiore, l'importo dei bolli apposti è inferiore all'importo del dazio pagabile, il funzionario ha il potere di addebitare il dazio fino al completo pagamento e un supplemento pari a 6 volte l'importo del dazio mancante o pari a 25 Baht, a seconda di quale sia l'importo maggiore. in tutti gli altri casi, il funzionario ha il potere di addebitare una sovrattassa pari all'importo del dazio pagabile o 25 Baht, qualunque sia l'importo maggiore.

Sezione 115 Il funzionario addebita i dazi e la sovrattassa di cui alle sezioni 113 e 114 alla persona responsabile del dovere. Se il funzionario non ha ricevuto il pagamento dal soggetto debitore, addebita il dazio e la sovrattassa al detentore dello strumento o al beneficiario. La persona a cui sono addebitati il dazio e la sovrattassa ai sensi del paragrafo 1 può presentare ricorso contro l'ordinanza applicando mutatis mutandis le disposizioni sui ricorsi di cui alla parte 2, capitolo 2, titolo 2.

Sezione 116 Il metodo di pagamento del dazio e della sovrattassa come previsto dalla Sezione 113 e dalla Sezione 114 deve essere effettuato in contanti al funzionario. Dopo aver ricevuto il pagamento, il funzionario rilascia una ricevuta e vida lo strumento, o fornisce prove in caso in cui non sia disponibile, per indicare il ricevimento del dazio e della sovrattassa, se del caso, nonché il nome e l'indirizzo del beneficiario, quindi dare la sua firma e la data.

Sezione 117 Lo strumento o la prova ai sensi della Sezione 16, in cui una persona ha pagato il dazio, o il dazio e l'eventuale sovrattassa, ai sensi della Sezione 113 o della Sezione 114, deve essere considerato uno strumento in contrassegno. Il supplemento addebitato è considerato come dazio.

Sezione 118 Se uno strumento non è contrassegnato da una marca da bollo, l'originale, il duplicato, la controfilatura o la copia non devono essere utilizzati come prova in nessuna causa civile fino a quando il dazio non è stato pagato mediante bollo per l'intero importo al tasso specificato nella Tabella alla fine di questo capitolo e cancellando. Tuttavia, il diritto di addebitare un supplemento in conformità con la Sezione 113 e la Sezione 114 non deve essere impedito.

Sezione 119 Per quanto riguarda uno strumento a cui un funzionario governativo o municipale deve dare una firma o un riconoscimento, o deve essere fatto davanti al funzionario governativo o municipale, o deve essere registrato dal funzionario governativo o municipale, il funzionario deve non dare una firma in riconoscimento, consentirne l'esecuzione o la registrazione fino a quando il dazio non sia stato pagato mediante timbratura ai tassi specificati nel Prospetto alla fine del presente Capitolo. Tuttavia, il diritto di addebitare un supplemento in conformità con la Sezione 113 e la Sezione 114 non sarà impedito.

Sezione 120 Qualsiasi persona che ha pagato il dazio o la sovrattassa ma non è la persona soggetta al dazio, ha il diritto di rivalsa contro la persona soggetta al dovere per richiedere l'importo del dazio e della sovrattassa pagati.

Sezione 121 L'imposta di bollo sarà revocata se la parte responsabile del dovere è il governo, un funzionario con il dovere di agire per conto del governo, una persona che agisce in nome del governo, un'autorità governativa locale, la Croce Rossa thailandese, un tempio, o qualsiasi organizzazione religiosa in Thailandia che è una persona giuridica. Tuttavia, questa esenzione non può essere estesa a un'impresa governativa che utilizza capitali o fondi circolanti per svolgere attività commerciali o per un'attività commerciale di un'autorità governativa locale.

Sezione 122 Chiunque abbia pagato in eccesso il dazio o la sovrattassa per un importo non inferiore a 2 Baht in relazione a uno strumento di una natura o per una transazione ha il diritto di presentare un reclamo per iscritto al funzionario. Se il Direttore generale vede che il dazio o la sovrattassa è stata effettivamente pagata in eccesso, l'importo in eccesso del dazio o della sovrattassa sarà rimborsato. Tuttavia, tale richiesta deve essere presentata entro 6 mesi dalla data di pagamento del dazio o della sovrattassa e accompagnata da una dichiarazione o da un documento esplicativo che il funzionario o il Direttore generale ritenga appropriato per sostenere la richiesta.

Sezione 123 Ogniqualvolta vi sia una ragione ragionevole, un funzionario o un ispettore avrà il potere di entrare in qualsiasi sede di attività o in qualsiasi luogo interessato tra l'alba e il tramonto o durante l'orario di ufficio di tale luogo per verificare se uno strumento è stato contrassegnato o meno. in conformità con la Sezione 104, indipendentemente dal fatto che una ricevuta sia emessa o meno in conformità con la Sezione 105 e 106, indipendentemente dal fatto che una controfilatura, copia di una ricevuta sia preparata o conservata in conformità con la Sezione 105 Bis, o se viene effettuata o meno una registrazione o conservati in conformità alla Sezione 105 Ter. Avrà anche il potere di chiedere e sequestrare qualsiasi strumento o documento e di emettere una citazione che richiama la persona responsabile dei doveri, il detentore dello strumento o il beneficiario, e qualsiasi altro testimone e prova per l'indagine.

Sezione 123 Bis Per garantire il corretto pagamento dei doveri ai sensi del presente Capitolo, il Direttore generale con l'approvazione del Ministro ha il potere di prescrivere procedure affinché una persona responsabile del dovere si attenga a tali procedure. Tali procedure entreranno in vigore al momento della pubblicazione sulla Royal Gazette.

Per comodità di un soggetto passivo, il Direttore generale con l'approvazione del Ministro può prescrivere altre procedure o procedure esenti per l'annullamento dei timbri ai sensi della Sezione 103 o le procedure di cui alla Sezione 105, 105 Bis, 105 Ter e 105 Trimestre.

Sezione 123/3 Se il funzionario ha ragionevoli motivi per ritenere che la somma di denaro mostrata su una ricevuta sotto la natura dello strumento 28 (b) e (c) del Programma delle tasse di bollo sia sottostimata, egli avrà il potere di fissare l'importo di denaro sulla ricevuta sulla base dell'importo che dovrebbe essere normalmente ricevuto, e la persona che emette la ricevuta dovrà pagare il dazio su tale importo stabilito. La persona che rilascia la ricevuta su cui è stato fissato l'importo in conformità al paragrafo 1 può presentare ricorso contro tale determinazione del denaro applicando mutatis mutandis le disposizioni sui ricorsi di cui alla parte 2, capitolo 2, titolo 2.

Punizione

Sezione 124 Qualsiasi persona soggetta a dazi o soggetta a cancellare i francobolli che trascura o rifiuta di pagare il dazio o di annullare i francobolli sarà punita con una multa non superiore a 500 Baht.

Sezione 125 Qualsiasi persona che emette una ricevuta per un importo inferiore a 10 Baht per un valore di 10 Baht o superiore, o divide il valore ricevuto per eludere il pagamento del dazio, o scrive intenzionalmente uno strumento impreciso per eludere la conformità in secondo le disposizioni del presente capitolo, commetterà un errore e sarà punito con una multa non superiore a 200 baht.

Sezione 126 Chiunque inserisca intenzionalmente una falsa data di cancellazione di un timbro sarà punito con una multa non superiore a 500 Baht o con la reclusione non superiore a 3 mesi o con entrambi.

Sezione 127 Qualsiasi persona che non prepara o conserva una registrazione in conformità con la Sezione 105 Ter, o non emette una ricevuta immediatamente su richiesta in conformità con la Sezione 106, o emette una ricevuta che non è contrassegnata dall'imposta per l'importo del dazio da pagare sarà punito con una multa non superiore a 500 baht.

Sezione 127 Bis Qualsiasi persona che da solo o in associazione a delinquere con un'altra persona agisce risultando nella non emissione di una ricevuta o non emette una ricevuta immediatamente dopo aver ricevuto il pagamento in conformità con la Sezione 105, o emette una ricevuta per un importo inferiore a il pagamento effettivamente ricevuto, sarà punito con una multa non superiore a 500 Baht o con la reclusione non superiore a 1 mese o con entrambe.

Sezione 128 Qualsiasi persona che consapevolmente non accoglie un funzionario o un ispettore nell'esercizio del suo dovere, o consapevolmente o intenzionalmente rifiuta di rispettare l'avviso o non consente il sequestro di qualsiasi strumento o documento, o non si attiene alla citazione emessa da il funzionario o l'ispettore in conformità con la Sezione 123, o si rifiuta di rispondere quando interrogato, o viola le disposizioni della Sezione 105 Bis, 105 Trimestre o 123 Bis, commetterà un errore e sarà punito con una multa non superiore a 500 Baht.

Sezione 129 Chiunque, con intenzioni fraudolente, abbia un timbro noto per essere contraffatto o commercia francobolli che sono già stati usati o dichiarati fuori uso da un regolamento ministeriale, commetterà un errore e sarà punito con una multa non superiore a 5.000 Baht o con la reclusione non superiore a 3 anni o entrambi.

Lightning Source UK Ltd.
Milton Keynes UK
UKHW020636100621
385271UK00011B/744